1889 List
of
Taxpayers
of
Frederick County Maryland

Compiled by

Trudie Davis-Long

HERITAGE BOOKS
2017

HERITAGE BOOKS
AN IMPRINT OF HERITAGE BOOKS, INC.

Books, CDs, and more—Worldwide

For our listing of thousands of titles see our website
at
www.HeritageBooks.com

Published 2017 by
HERITAGE BOOKS, INC.
Publishing Division
5810 Ruatan Street
Berwyn Heights, Md. 20740

Copyright © 2017 Trudie Davis-Long

Heritage Books by the author:

1889 List of Taxpayers of Frederick County, Maryland

*Abstracts of the Wills and Estate Records of
Granville County, North Carolina, 1833–1846 by Zae Hargett Gwynn*

*Abstracts of the Wills and Estate Records of
Granville County, North Carolina, 1846–1863 by Zae Hargett Gwynn*

*Abstracts of the Wills and Estate Records of
Granville County, North Carolina, 1863–1902 by Zae Hargett Gwynn*

From the inside cover of the original edition:
*Smith's Temple of Fancy, Frederick Maryland
this book can be duplicated by David H Smith
Frederick December, MD
1/88*

All rights reserved. No part of this book may be reproduced or transmitted in any form or by any means,
electronic or mechanical, including photocopying, recording or by any information storage and retrieval system
without written permission from the author, except for the inclusion of brief quotations in a review.

International Standard Book Number
Paperbound: 978-0-7884-5791-3

1889 List of Taxpayers of Frederick County, Maryland

Introduction 1

Legislative Acts Related to Tax Collection and Dispersal of Funds. 3

1889 Tax List.. 7

Index 133

INTRODUCTION

This transcription was developed from a book bought at a yard sale, chosen from many other similar volumes, held in front of the Arcade Bowling Alley, now closed, in Frederick, MD. I believe it was one of the original records held at the Frederick County Courthouse and was removed when the county deaccessioned a lot of its paper records and deposited them on the sidewalk where some of them were picked up by people from the community who saw their value.

Description of work:

Style

All Regular entries were written in ink. Those items listed as [subtotal] were added in at a later time in pencil.

There are several different types of handwriting so it was not written by one person. Each of these people had different criteria that they used to record the data which explains variations in the entries. One of the clerks would put in values under 10 cents without using decimal points or leading zeros.

The date, name of person involved; type of record, if tax was not being paid; and the tax district were all on even numbered pages.

Odd number pages contain values for disbursements, state tax, interest, county tax and total paid. In some cases it is obvious that the added amounts for individuals does not equal the 'total'.

The first payment for interest shows up on Jan 10.

Besides totals for individual pages, there are totals for each day. There are odd amounts in some total columns and numbers written vertically along page margins and I have included these as footnotes.

The numbers that appear vertically have been explained this way by Robert Long, CPA retired.

"If I can use page 177 as a guide, the total at the top of the page is 313.95. On the side of the page before the next subtotal of 346.69, the numbers 122 appear. I believe the purpose of those numbers was to help the bookkeeper in adding/rechecking the addition of the various columns as follows. Adding the first column yields a total of 19, so the bookkeeper put down the 9 as the 1st number in the subtotal and a 1 along the side. The 2nd column totals 26, a 6 goes in the subtotal and a 2 along the side. The 3rd column also yields a total of 26, a 6 goes in the subtotal in the 3rd column and a 2 goes along the side. For the 4th & 5th column, they total less than 10 and hence no entry on the side. Accordingly, the new subtotal of 346.69 is generated and if it had to be rechecked, the individual knew that the 1st column totaled 19, the 2nd 26 and so forth."

My notations show up in [brackets].

In my formatting, page numbers are shown bracketed for every two page set. Line items left blank appear that way.

Occasionally, information for a person did not transfer from the same line page to page and a line was drawn by the clerk from the name to the tax paid. Where lines jump I have used ↘ to show where the lines were drawn in the original.

I attempted to reproduce the text as close as possible to the original. In some cases, the author would leave off letters at the end of words and would not cross 't's' or dot 'I' making it difficult in some cases to determine the true spelling of names. The name Zimmerman was frequently incomplete.

One of the biggest problems was interpreting the initials N, H, and A which were written similarly.

Those looking for names that could have multiple spellings need to think creatively. The clerks wrote 'Brain' which shows up in *Names in Stone* as 'Brane'.

I have been unable to find a map circa 1888-1890 to show the tax districts or voting districts.

I expect I have made mistakes but welcome any questions about the content of the work.

References I used to compare spelling:

Names in Stone : 75,000 cemetery inscriptions from Frederick County, Maryland by Jacob Mehrling Holdcraft; Ann Arbor : Monocacy Book Co, 1966.
Index to Scharf's History of Western Maryland Volumes I and II by Helen Long, Westminster, Md.: Heritage Books, 2008, ©1995.
Frederick County, Maryland Will Index 1744-1946 compiled by Susanne Files Flowers, Edith Olivia Eader, Monrovia, MD : Paw Prints, 1998, ©1997.

Local law legislation

It is important to remember that the Maryland constitution was rewritten after 1865. Many of the references to the Maryland Code did not change and were carried forward from as early as the 1840 publication by Clement Dorsey. Those that changed refer back to previous parts of code passed by the legislature.

Legislation specific to Frederick County is in Article 11.

I have included verbatim local law information from legislative acts which pertain to the dispersion section of the book and information on the tax rate. There is also statute law relating to the payments for judges, mayors, and other occupations. My remarks in this section are also in brackets.

Unfortunately there is no information on all the 'Miss' items, which I believe stands for miscellaneous.

Legal references

The general public statutory law and public local law of the State of Maryland, from the year 1692 to 1839 inclusive: with annotations thereto, and a copious index, by C. Dorsey. Baltimore, 1840.

The Maryland Code. Public General Laws, compiled by O. Scott and H. M'Cullough, Commissioners; adopted by the Legislature of M., January Session, 1860, the Acts of that Session being therewith incorporated. With an Index to each article and section, by Hiram Maccullough; Henry C Mackall; Lewis Mayer, of the Baltimore Bar.; Otho Scott. Baltimore, 1860. 2 Volumes.

A digest of the Maryland statutes : Part I. Public general laws. Showing the sections of the Code and supplements repealed, amended, re-enacted and added, since the adopting of the code of 1860 ... Part II. In which is arranged under each article and sub-title of the Code and supplements, a reference to all the sections of the Code and supplements, and the acts of 1872 and 1874, now in force ... With an appendix ... by Joseph A Thomas; Maryland. Court of Appeals. Baltimore : Innes & Company, printers, 1875.

The Maryland code : Public local laws : adopted by the General Assembly of Maryland, March 14, 1888 : including also the Public local acts of the session of 1888 incorporated therein John Prentiss Poe; Baltimore, King Bros., 1888.

For those interested these legal references can be downloaded from Google books and other online sources for free.

Abbreviations

Some headings are obvious such as coffin, clk elec, judge of elec, heirs, trustee, scalps, fireman, fox(es), hawk(s).

act	account	May	mayor
agt	agent	miss	miscellaneous
attny	attorney	P S	public schools
c of e	clerk of election	p sch	public schools
clk	clerk	Pen, penn	pension
col, cold	colored	r dam; road dam	road damage
Extr	executor	ret	retired
gdn	guardian	wf	wife
inq	inquest	wid	widow
j of e	judge of election	wit, wt	witness
M RR	Maryland Railroad		

1889 List of Taxpayers of Frederick County, Maryland

Legislative Acts Related to Tax Collection and Dispersal of Funds

I was assisted in collecting the information listed below by the staff of the Maryland Law Library. Items specific to Frederick County are found in the Public Local Laws. Other items about the whole state are in the General Public Laws. Statutes referred to are variously from 1840, 1860, 1888 and others and applied based on precedent.

FREDERICK COUNTY PUBLIC LAWS

ALMSHOUSE PAYMENT OF COMMISSIONERS FOR SERVICE.
1884 ch 242 9 Vol 390 pg 1095 They shall meet as often as necessity may require either at almshouse or at the court house in said county and they shall a compensation of two dollars per day each for every day they may be in session.

ALMSHOUSE PAYMENT TO OVERSEER
1884, ch 242 Ibid 12 Vol 390 pg 1095 They shall allow such overseer or keeper such salary or compensation for his services as they shall deem reasonable.

ALMSHOUSE PAYMENT TO TREASURER
1884 ch 242 29 Vol 390 pg 1099 The treasurer shall receive a salary for his services not exceeding three hundred dollars per annum to be fixed by said commissioners.

ALMSHOUSE BUDGET PAYMENT
1884 ch 242 33 Vol 390 pg 1100 It shall be the duty of the county commissioners to levy for the use of the said commissioners of charities and corrections annually such sum of money as the commissioners may estimate to be necessary for the purposes specified in the foregoing sections and to pay over to the commissioners the sum so levied in equal quarterly instalments beginning with the end of the first three months succeeding the levy.

BAILIFFS
1872 ch 164 38 Vol 390 pg 1101 The county commissioners shall annually levy upon the assessable property of the county a sum sufficient to pay the bailiffs of the circuit court and provide for the payment of the same at the end of each term of the court .

BIRDS AND GAME; HAWKS AND OWLS
1882 ch 417 57 Vol 390 pg 1105 Every person who is an actual resident of said county shall be entitled to an allowance from the county of thirty five cents for every hawk or large owl taken and killed by him within the limits of said county.

CIRCUIT COURT; PAY STENOGRAPHER
1888, ch 863 80 Vol 390 pg 1112 Said stenographer shall receive as compensation for the services rendered by him as said stenographer such sum as the court may deem adequate for such services which sum shall be levied for on the taxable property of Frederick county by the county commissioners of Frederick county and shall be paid him by the collector of taxes of said county.

DOORKEEPER AND FIREMAN OF COURT HOUSE
P. L. L., (1860,) art. 11, sec. 48. 101. Vol 390 pg 1118 The keepers of the gates or doors within the bar of the court house, and the person who warms the court room and has charge of the fires in the circuit court, shall each be entitled to the sum of one dollar and fifty cents per day, for his services; and upon a certificate from the clerk of the circuit court, of the number of days that each of them attended, the collector of taxes for said county shall pay the amount thereof in the same manner that jurors are paid.

ELECTION DISTRICTS.
P. L. L., (1860.) art. 11, sec. 49. 1862, ch. 149. 1872, ch. 179. 1878, ch. 179. 1878, ch. 230. 1884, ch. 149 103. Vol 390 pg 1119 Frederick county is divided into twenty-one election districts, according to their present bounds and limits, as established by law.

1889 List of Taxpayers of Frederick County, Maryland

ELECTION DISTRICT #2
1872 ch 204 104 Vol 390 pg 1119 Election district number two is divided into four precincts with the metes and bounds established by the act of 1872 chapter 204 and the county commissioners shall appoint three judges of election for each of said precincts who shall perform the same duties be subject to the same obligations and receive the same compensation as judges of election in election districts.

PAYMENT TO JUDGES AND CLERKS
P. L. L., (1860,) art. 11, sec. 50 106 Vol 390 pg 1120. The judges and clerks of elections in Frederick county shall each be entitled to three dollars for every day they shall attend and act as such.

JURORS.
P. L. L., (1860,) art. 11, sec. 184. 286. Vol 390 pg 1169 The county commissioners shall annually levy such sum of money as in their judgment will be sufficient to pay the expenses which may be annually incurred by the attendance of jurors at the circuit court for said county.
Ibid. sec. 185. 287. Vol 390 pg 1169 The sum so levied shall be collected as other county charges, and the collector shall pay to the jurors immediately after the adjournment of each court, such sum as they may severally be entitled to receive for their attendance at that court. Ibid. sec. 186. 288. A certificate signed by the clerk of the circuit court, stating the number of days which each juror shall have attended said court, and the sum due him for such attendance, shall be sufficient authority to the collector to pay the amount specified in such certificate.

JUSTICES OF THE PEACE AND CONSTABLES
1888 ch 189 290 Vol 390 pg 1170 Whenever the county commissioners for Frederick county shall create and establish any new election districts in said county there shall be appointed by the governor two justices of the peace and by the county commissioners two constables for each election district so established.

ORPHANS' COURT.
P. L. L., (1880,) art. 11, sec. 245 395. Vol 390 pg 1197 The county commissioners shall annually levy on the assessable property of the county, such sum as they deem sufficient to pay the salaries of the judges of the orphans' court for the ensuing year, and the collector shall pay the same on the second Tuesday of August and February, annually, upon the certificate of the register of wills for the county, showing the amount due to each.

REGISTER OF WILLS
1886 ch 419 422 Vol 390 pg 1202 The cost of said books shall be paid by the county commissioners and the register of wills shall be annually paid for transcribing such indexes and for continuing said general indexes out of the surplus proceeds of his offices and if there be no surplus then the county commissioners shall allow him such compensation annually as they shall think fair and reasonable.

ROAD SUPERVISORS
PLL (1860) art 11 sec 265 424 Vol 390 pg 1203 They shall erect and keep up at the expense of the county at all public cross roads and where public roads fork indexes or finger boards pointing to the nearest town mill or other public places where the roads lead with the names of such places and the distances thereto legibly inscribed thereon.

SCHOOLS
1876 ch 319 427 Vol 390 pg 1203 The school commissioners of said county shall not expend for school purposes or for any other purpose a greater sum of money in any one year than shall be annually levied for school purposes by the county commissioners in addition to the amount annually received by the school commissioners from the treasurer of the State and they shall not borrow any sum of money in any one year in excess of their actual receipts and income for such year as provided for by law and it shall not be lawful for the county school commissioners to contract or pay any debt in excess of the annual revenues provided by law for school purposes nor shall the county commissioners for said county assume or pay any debt or any portion thereof contracted in violation of the provisions of this section.

SHERIFF JAIL
1888, ch. 22 430. Vol 390 pg 1204 The county commissioners are authorized and directed to levy for and pay to the sheriff of Frederick county, annually, such sum as, in the judgment of said county commissioners, will be a reasonable compensation to said sheriff for his care, labor, responsibility and expense, in keeping the prisoners committed to his

1889 List of Taxpayers of Frederick County, Maryland

custody safely in jail, and in having the supplies and provisions furnished him by the said commissioners of charities and corrections, cooked and served to said prisoners; and the amount so levied for and paid to said sheriff, shall be, in each and every year, the sum of three thousand and six hundred dollars, and said sum shall be in full for all claims of said sheriff against said county for keeping such prisoners in jail, and cooking and serving victuals to the same, including the wages or salary to a cook paid by him, warden or other employees about said jail, but shall not, in any manner, affect or interfere with any claim he may have against said county for fees for other services rendered according to law; the amount so levied for said sheriff shall be paid to him in equal quarterly payments.

STATE'S ATTORNEY.
P. L. L., (1860,) art. 11, sec. 36 434. Vol 390 pg 1205 In all cases removed from any circuit court to the circuit court for Frederick county, and tried, the county commissioners for said county may allow to the State's attorney for said county, in addition to the sum allowed by law, such compensation, not exceeding the sum of thirty dollars for any one case, as they may deem just and proper, to be levied by the county commissioners of the county from which the cause was removed, at their next annual levy.

SURVEYOR
1886 ch 193 439 Vol 390 pg 1207 The county commissioners are authorized and required to pay to the county surveyor as salary the annual sum of three hundred dollars in quarterly instalments of seventy five dollars each.

TAXES
1874 ch 243 450 Vol 390 pg 1209 The county commissioners are authorized and empowered in their discretion to allow a discount not exceeding five per cent upon all county taxes paid on or before the first day of September in each year after the date of their levy and to provide in their county levy for such discount

WITNESSES.
P. L. L., (1860,) art. 11, sec. 317 452. Vol 390 pg 1210 Each witness attending the circuit court or orphans' court, shall be entitled to the sum of one dollar a day for each days' attendance, besides itinerant charges to be allowed to witnesses coming from other counties.

WOLVES AND FOXES.
P. L. L., (1860,) art. 11, sec. 820. 455. Vol 390 pg 1210 Any person who shall kill any wolf in said county, shall be entitled to compensation therefor from the county, as follows: for every old wolf sixteen dollars, and for every young wolf eight dollars.
Ibid. sec. 823. 458. Vol 390 pg 1211 Every person who is an actual resident of said county shall be entitled to an allowance from the county, not to exceed fifty cents, for every fox killed or destroyed by him.

GENERAL PUBLIC LAWS

CORONERS
 The Maryland Code, Public General Laws, 1888 Article 22; Vol 389 pg 277
 6. The said coroner or justice, in the account of expenses rendered to the county commissioners, or mayor and city council, for holding such inquest, shall include such sum for the said physician as the said coroner, or justice, and jurors, shall deem just, not lees than five or more than ten dollars, which sum shall, with the other expenses of the inquest, be paid by the county or city.
Ibid. sec. 7. 1831, ch. 230, sec. 2.
 7. Whenever it shall be necessary for a coroner to bury any deceased person, he shall provide a coffin and decently bury him; and the county commissioners of the county where the person shall have been found, or the mayor aud city council of Baltimore, if he shall have been found in said city, shall make such allowance to said coroner as they may deem just and reasonable therefor, to be levied and paid as other county or city charges.
Ibid. sec. 8. 1785, ch. 73, secs. 23-24. 1794, ch. 54, sec. 5. 1707, ch. 95.

POLEMAN [referred to as Chain carrier in Maryland code]
 P. G. L., (1860,) art. sec. 18. 1786, ch. 33, sec. 7 Vol 389 pg 126 Each chain carrier shall receive seventy-five cents, and each witness fifty cents for each day they shall respectively attend, to be paid by the person at whose request the

1889 List of Taxpayers of Frederick County, Maryland

service shall be performed, and if necessary, attachment of contempt shall be issued by the court issuing the commission, to compel such payment.

POOR and PENSIONS
Page 1927 *General Public Statutory Law and Public Local Law of the State of Maryland from the Year 1692 to 1839 inclusive with annotations thereto and a copious index* by Clement Dorsey volume 2 1840 in the section for Frederick County Public Local Laws;
An act for the relief of the poor within the several counties therein mentioned-1768, ch 29. See' Anne Arundel County' title 'Poor,' ante page 1372. [Frederick did not write a separate statute.]

[Since the law written and passed in 1840, Frederick County used the 'POOR' statute of another county without writing one of their own. Below is the 1888 version of the code used by the Frederick Commissioners taken from the Anne Arundel County Public Local Laws. This was separate from the funds supplied to Montevue, the recognized Almshouse]

The Maryland code, 1888 volume 1 Article 1 Allegheny County. Page 125. The county commissioners may grant out-pensions to poor persons, in their discretion; but no person shall be placed upon their list as out-pensioners who is a freeholder, or able to obtain a livelihood by any honest or lawful occupation, or who is in the habit of debasing himself by frequent intoxication and other demoralizing vices; nor shall any person be placed upon said list who is not a naturalized citizen of the United States, or who has not for one year immediately preceding his application been a resident of Anne Arundel county. It shall be the duty of said commissioners to review and correct the out-pension list at their January meeting in each and every year.

RATE AND ITEMS OF STATE TAX.
P. G. L., (1860,) art. 81, sec. 23, 1862, ch. 105. 1864, ch. 199. 1874, ch. 483, sec 21. 1876, ch 340. 1878, ch. 330. 1888, ch. 533 22 Vol 389 Pg 1216
22. The county commissioners of the several counties of this State, and the mayor and city council of Baltimore city, are directed to levy the State taxes, to be collected according to law, and to be apportioned as follows: A tax of five and one-half cents on each one hundred dollars, to meet the interest and to create a sinking fund for the redemption of the defence redemption loan; a tax of one-fourth of one cent on each one hundred dollars, to meet the interest and to create a sinking fund for the redemption of the exchange loan of eighteen hundred and eighty- six; a tax of one and one-half cents on each one hundred dollars, to meet the interest and create a sinking fund for the redemption of the treasury relief loan; and a tax of ten and one-half cents on each one hundred dollars, to aid in support of the public schools, to be distributed according to law among the several counties and the city of Baltimore; making an aggregate of seventeen cents and three fourths of a cent on each one hundred dollars; and the comptroller of the treasury shall levy the same State taxes on the shares of capital stock of all banks, State and national, and other incorporated institutions and companies of this State the shares, of whose capital stock are liable by law to assessment and taxation.

1889 List of Taxpayers of Frederick County, Maryland

Page 1 is blank

[2 & 3]

date	name		district	disbursements	state	interest	County	total
1889				105.48 [subtotal]				2155.91 [subtotal]
Jan 7	✓Harrison Miller		✓11		6.69		35.47	45.16
" "	"	Justice elec	✓	6.00				
" "	✓Charles Staup	Hawks	✓5	.70				
" "	Jacob Z. Crum	court	✓13	1.35	3.54		12.99	16.53
	✓Joseph Rosensteel		✓9		.96		3.50	4.46
	✓Joshua Lease		✓14		.68		2.47	3.15
	Lucretia Pry		✓					
	✓Ann Elizabeth Keefer	Pen	✓	25.00				
	Michael Hoke		✓5		1.25		4.55	5.80
	✓Mrs. John Cramer	Pen	✓	10				
	Samuel L Hargate		✓2		1.37		5.01	6.38
	✓William F. Montgomery		✓7		4.94		18.03	22.97
	✓ "	Fox	✓	4.85				
	Daniel Stauffer & D H Best		✓2				19.50	19.50
	Joseph Rosenstock		✓2		4.46		16.31	20.77
	Geo. W. Ogle		✓4		29.52		108.08	137.60
	✓W^m. J. Worley	Pen	✓2	10.00				
	✓Augustus L. Boteler	Judge of Elec	✓	12.				
	" "	Hawk	✓	.70				
	Henry Boteler	Heirs	✓2		24.17		88.59	112.96
				177.08 [subtotal]				2551.19 [subtotal]

[4 & 5]

date	name		district	disbursements	state	interest	County	total
1889				177.08 [subtotal]				2551.19 [subtotal]
Jan 7	James P Perry		✓2		6.92			26.64
"	"	Extr of B Harris	✓2		4.44		13.65	20.57
	John W. Birely	Exr of D. Kenaga	✓2		6.66			4.44
	Barbara Picking		✓2		8.04		24.38	31.04
	✓Mary E. Dyer	Pen	✓2	20.00			29.43	37.47
	Elizabeth Dyer				.98		3.58	4.56
				197.58 [subtotal]				2649.27 [subtotal]
	Montevue Hospital			1000.				
				1197.58 [subtotal]				

1889 List of Taxpayers of Frederick County, Maryland

date	name		district	disbursements	state	interest	County	total
Jan 8 [smeared]								
" 8	Washington L. Shafer		✓15	Bal	1.64		6.01	.19
" "	Mrs. Martha A Eyler		✓15		1.40		5.14	6.54
" "	Joseph F Payne		✓2		8.33		30.50	38.83
	Sevella Crabbs	Penn	✓2	10.00				
	✓W^m. L. Gross		✓12		7.28		26.65	33.93
	✓Thos. Watts		✓12		.44		1.63	2.07
	✓Martha Robinson		✓12		.44		1.63	2.07
	✓W^m. L. Gross & Trapnell		✓12		1.60		5.85	7.45
	✓Ellen Butler		✓7		.72		2.65	3.37
	T. C. Fox		10					
	✓F. D. Hahn		✓7		.21		.79	1.00
				10.00 [subtotal]				95.45 [subtotal]
								3.20

date	name		district	disbursements	state	interest	County	total
1889	[6 & 7]							95.45 [subtotal]
Jan 8	Peter Duderar		✓19		20.46		74.91	95.37
	John T. Naill		✓19		1.02		3.73	4.75
	Stephen C. Chipley		✓19		.89		3.25	4.14
	Mrs John A. Warner		✓19		1.09		3.98	5.07
	Noah J. Franklin		✓19		.40		1.46	1.86
	Jesse Nickodemus		✓19		10.05		36.79	46.84
	✓Perry G Walker	col'd	✓8		1.14		4.16	5.30
	✓Charls G Key		✓8		.71		2.60	3.31
	W^m. R. Curry	Trust.	✓19		8.46		30.99	39.45
	" "		✓19		.89		3.25	4.14
	Burgess L. Moore		✓19		2.25		8.25	10.50
	Chas. E King		✓2		1.03		3.78	4.81
	Isaac L. Nussbaum		✓19				56.48	56.48
	W^m. H Jones	col'd	✓2		.77		2.81	3.58
	W^m. H Fulmer		✓2		.68		2.48	3.16
	✓W^m. H. Horman		✓7		9.87		32.84	41.80
	A Henry Norris		✓18		.18		.65	.83
	A " "		✓17		11.72		42.90	54.62
	W^m. E Duderar		✓19		1.13		4.13	5.26
	Calvin C. Carty		✓2		16.86		61.72	78.58
	" "	coffin act		47.50				
								565.31 [subtotal]

1889 List of Taxpayers of Frederick County, Maryland

date	name		district	disbursements	state	interest	County	total
1889								91.09
				57.50 [subtotal]¹				565.31 [subtotal]
Jan 8	[8 & 9]							
	E M. & S. M. Dare		✓14		3.71		13.58	17.29
	John Dare		✓14		1.85		6.76	8.61
	Charles L. Carlile		✓19		2.40		8.78	11.18
	Agustus Ramsport		✓19		1.06		3.87	4.93
	Columbus Lindsey		✓19		19.92		72.93	92.85
	Dircty of Cold Spring Dairy		✓19		1.07		3.90	4.97
	✓Rufus H. Appleby		✓8		1.88		6.88	8.76
	" "	grave dig	✓	5.00				
	" "	Hawk	✓	.70				
	Geog Houck		✓13 [smeared]				7.32	7.32
	"		✓2				157.87	157.87
	Ezra Houck	Hawks	✓	3.80				
	✓Noah Barnes		✓9		3.20		11.69	14.89
	Harriet Grinder	Road Dam	✓	400.				
	Clara Cook	Pen	✓	10.				
	✓Thos Dixon		✓7		9.79		35.87	45.66
	✓Charles H Cutsail		✓7		.19		.69	.88
	Gaither & Norris		✓19		1.78		6.50	8.28
	Geo D. Norris		✓19		12.86		47.08	59.94
	W^m. H. Warner		✓19		10.29		37.67	47.96
				477.00 [subtotal]				1056.70 [subtotal]
								49 109

date	name		district	disbursements	state	interest	County	total
1889				477.00 [subtotal]				1056.70 [subtotal]
Jan 8	[10 & 11]							
	✓Jeremiah Lewis		✓9		10.74		39.32	50.06
	Nellie Palmer	Pen	✓	10.00				
	~~John W Henderson~~		2		.87		3.19	4.06
	Howard H. Devilbiss		✓19		1.84		6.71	8.55
	M R Lewis		✓9		1.69		6.18	7.87
	Martin Devilbiss		✓19		1.45		5.32	6.77

¹ disbursement amt different from previous page

1889 List of Taxpayers of Frederick County, Maryland

name		district	disbursements	state	County	total
George Geesey		√20		4.89	17.94	21.83
John H. Blackston		√19		1.46	5.35	6.81
√Issabella Clay		√9		.27	.98	1.25
"	Pen	√9	15.00			
Daniel Derr		√3		25.94	94.97	120.91
Chas. H. Derr		√3		1.49	5.47	6.96
√Edmund McElfresh		√7		.37	1.37	1.74
Mrs. Mahala Poole		√13		6.96	25.51	32.47
√Catharine Snowden		√9		.27	.98	1.25
Jane Hooper	Pen	√3	10.00			
√W^m. H. D. Simmons		√7		15.30	56.00	71.30
√M. E. Linthicum		√7		1.00	3.66	4.66
√Vernon Baker		√7		.70	2.57	3.27
√Thos. A. Crawford		√7		2.07	7.59	9.66
			512.00 [subtotal]			1412.06 [subtotal]
						37 107

date	name [12 & 13]		district	disbursements	state	interest County	total
1889 Jan 8				512.00 [subtotal]			1412.06 [subtotal]
	James M. Bostian		√19	20.00	6.72	24.59	31.31
	Jane Justice	Pen	√				
	Francis W. Haines		√19		6.71	24.57	31.28
	Ed D Danner		√19		6.65	24.34	30.99
	"		√18		.27	.98	1.25
	John D Gaither		√19		9.26	33.90	43.16
	Albert L. Haines		√19		.30	1.07	1.37
	" "		√7				
	√W^m. Gant	Hawks	√7	3.50	.95	3.49	4.44
	John D Gaither	Register	√19	57.00			
	John W. Dixon		√7		2.30	8.42	10.72
	Reuben M Moxley		√7		1.73	6.32	8.05
	John D Gaither	Room Rent	√19	7.00			
	Ephraim Hauver		√10		1.08	3.94	5.02
	√Christian Hauver	Heirs	√10		2.76	10.11	12.87
	Charles Hauver	Hawk	√7	.70			
	√Philemon Duderrer		√		1.88	6.87	8.75
	Rachel McElfresh & Sister	Road Dam	√7	64.66			
	√" " " "		√7		1.27	4.65	5.92

1889 List of Taxpayers of Frederick County, Maryland

date	name		district	disbursements	state	interest	County	total
1889				664.86 [subtotal]				1607.19 [subtotal]
Jan 8								24.66
	[14 & 15]			664.86 [subtotal]				1607.19 [subtotal]
	W^m. M. Gaither		✓19		14.03		51.40	65.43
	A J Brown		✓7		1.49		5.46	6.95
	W^m. M Gaither	Miss	✓19	16.				
	Chas. W Zimmerman		✓13		13.18		48.23	61.41
	W^m. H. Haugh		✓11		6.51		23.84	30.35
	Charles A. Albaugh		✓8		1.30		4.78	6.08
	" "		✓17		.21		.78	.99
	W^m. Williams		✓7		5.77		21.12	26.89
	Joshua A. Renner		✓16		6.36		23.32	29.68
	Mrs. Henry Dronenburg		✓1		5.61		20.55	26.16
	David W Leather		✓7		.74		2.71	3.45
	James F & M F Leather		✓7		4.17		15.28	19.45
	Oliver P. Vansant		✓8		6.83		25.01	31.84
	Samuel Keefer		✓19		14.14		51.77	65.91
	W^m. E. Mercer		✓2		7.88		28.80	36.68
	Geo W Krise		✓4		7.01		25.69	32.70
	Mary & Soll Holland		✓7		.44		1.63	2.07
	John W. Burrier		✓13		2.70		9.89	12.59
	Jasper Albaugh		✓9		3.09		29.61	37.70
	" " "		✓8		1.57		5.55	7.06
				680.86 [subtotal]				2110.58 [subtotal]
								510 1010

date	name		district	disbursements	state	interest	County	total
1889				680.86 [subtotal]				2110.58 [subtotal]
Jan 8	[16 & 17]							
	J. U. Lawson	Col'd	✓7		19.35		70.85	90.20
	Eliza Nelson	Pen	✓9		.42		1.53	1.95
	Ann Haines	Pen	✓	15.00				
	Geo Nelson & Wf	3 Foxes	✓	30.00				
	Nickolas Albaugh		✓	1.50				
	Joseph Parker		✓17		.25		.91	1.16
	Rufus K. McGruder		✓7		11.09		40.61	51.70
	James H Cutsail		✓7		.37		1.33	1.70

1889 List of Taxpayers of Frederick County, Maryland

name	(note)	district	disbursements	state	county	interest	total
James A. Diggs	Pen	✓	10.	6.31	23.11		29.42
Calvin A Thomas		✓13		.50	1.82		2.32
Wm. E. Stone		✓2		8.48	31.01		39.49
✓Curtis A. Cromwell		✓9		3.11	11.38		14.49
Curtis A. Cromwell	H & 2 owls	✓2		5.90			
Maurice E Mottern		✓7		.51	1.88		2.39
✓Wm. J Moberly		✓13		.82	2.99		3.81
Jno H. Hamilton	Pension No 7	✓	$10				
Geo Jones	Pen	✓	20				
Francis Penner		✓	10				
Daniel Tucker		✓7		1.78	6.50		8.28
✓Clarence Mobley		✓9		3.06	11.20		14.26
✓Norval W. Hobbs			783.26 [subtotal]				2371.75 [subtotal]

date 1889	name [18 & 19]		district	disbursements 783.26 [subtotal]	state	county	interest	total 2371.75 [subtotal]
8.9	John W. Stephenson		✓1		1.37	5.01		6.38
"	✓Martha L. Mobberly		✓7		1.86	6.79		8.65
Jany 8[2]	✓Israel Boller		✓15		1.67	6.10		7.77
"	Joseph Mobberly		✓7		6.59	24.13		30.72
"	R. E. Studebaker	Pen	✓	15.00				
	Howard G. Maynard		9	part	~~10.73~~	~~39.29~~		~~30.02~~ 13.70
	Wm. R Clabaugh	Damages Road	✓11	13.25	9.76	35.69		45.45
	✓John Trout		✓7		.22	.81		1.13
	✓William Lee		✓7		.32	1.16		1.48
	Geo Coussey	Pen	✓14	10.				
	" [3]		7		.57	2.08		2.65
	Jacob R Kline							27.70
	✓Peter Slifer		✓12	Part[4]	15.47	56.66		72.13 [overwritten]

[2] 8 is smeared

[3] smear over Jacob [should be on next line]

[4] Smeared in attempt to erase.

1889 List of Taxpayers of Frederick County, Maryland

name		district		state		County	interest	total
John H. M. Slifer		✓12		6.08		22.26		28.34
Joseph D Huffer		✓3		17.73		64.95		82.68
W^m. M. Bohn		✓17		2.81		10.34		13.12
Levi C. Leatherman	R Judn	✓20	9.00	8.27		30.25		38.52
" "		"						
Daniel Hutzel		✓3		.65		2.39		3.04
				830.51 [subtotal]				2755.21 [subtotal]
								47.87

date	name		district		disbursements	state	County	interest	total
1889	[20 & 21]				830.51 [subtotal]				2755.21
Jan 8	T M V Norwood		✓18			1.15	4.19		5.34
	Geo M Myers		11	part					11
	Peter Fogle	Pen	✓7	10					
	✓W^m. Wolf		✓7			2.14	7.84		9.98
	✓Christian Myers		✓44 13			10.92	39.98		50.90
	Martin Grossnickle		✓16			8.98	32.89		41.87
	✓James Stewart		✓7			1.09	3.99		5.08
	Mary E Humrick		✓15			1.45	5.31		6.76
	Saml Harshman of G		✓16			1.07	3.90		4.97
	W^m. H. Brengle of N		✓2			2.17	7.94		10.11
	Carolin Devilbiss	Pen	✓15	20.00					
	Lydia Ann Staup	Pension	✓4	10.00					
	A Cromwell & Bro		✓7			12.77	46.77		59.54
	Randolph Dorsey		✓19	5		1.42	5.20 [6]		
	Eugenia Dorsey & sister		✓19			9.56	34.99		44.55
	Dr. George Johnson		✓13			2.14	7.83		9.97
	" "		✓2			59.12	216.74		275.86
	Dr. Thos. B Sappington		✓19			2.07	7.59		9.66
	" P "		✓18			7.82	28.65		36.47
	Geo W Romsburg	Coffin	✓	12.50					
					883.01 [subtotal]				3337.27 [subtotal]
									48.97

---

[5] paid Dec 22 1888

[6] 6.62 written on vertical line between columns

1889 List of Taxpayers of Frederick County, Maryland

date	name		district	disbursements	state	interest	County	total
1889	[22 & 23]				883.01 [subtotal]			3337.27 [subtotal]
Jan 8	Matilda Green	Pen	✓1	5.00			25.47	32.42
	✓Thomas Peters		✓7		6.95		16.17	20.59
	Lawson Cline		✓6		4.42		3.58	4.57
	Sophia Blickenstaff		✓6		.88			
	Mrs. Charles Singer	Pension number 2 bal	✓	$10.			6.60	8.41
	✓Catharine Hedges		✓11		1.81		2.90	3.69
	✓David L Hedges	Col'd	✓11		.79		1.30	1.66
	Ephraim Jones		✓20		.36		12.34	15.71
	✓Sarah A. Starr	Gdn M. F. Starr	✓8		3.37		41.25	52.51
	✓ " " "		✓8		11.26		4.32	5.51
	Daniel Rohrback		✓3		1.19		34.71	44.19
	Philip L. Hiteshew		✓2		9.48			
	Daniel Rohrback	wit	✓3	.33				
	Capt. P. L. Hiteshew	Miss	✓	6.00				
	John W. Ramsburg		✓3		14.42		52.78	67.20
	" " "		✓3		17.53		54.17	81.70
	Geo Shivers		✓14		3.41		12.50	15.91
	W^m. Devilbiss		✓19		6.85		25.07	31.92
	Denton R. Shipley		✓19		8.38		30.71	39.09
	David Glass		✓19		.62		2.28	2.90
			✓19	904.34 [subtotal]				3765.24 [subtotal]
								47.76

date	name		district	disbursements	state	interest	County	total
1889	[24 & 25]							3765.24 [subtotal]
Jan 8	Philip N. Keefer		✓19		3.23		11.81	15.04
" "	Miss Ann Nusbaum		✓18		8.23		30.13	38.36
" "	Susan Klees		✓19		1.51		5.53	7.04
" "	Ludwig Keefer		✓19		6.18		22.62	28.80
" "	W^m. H Flook		✓3		.23		.85	1.08
" "	Lewis Shafer		✓2		.44		1.63	2.07
	C. L. C. Lampe		✓2	904.34 [subtotal]	9.36		34.29	43.65
	Mary Fox for child	pen	✓	10.				3901.28 [subtotal]
	✓Thos. C Fox		✓10		7.95		29.12	37.07
				914.34 [subtotal]				3938.35 [subtotal]
" 9	✓Geo Alfred Townsend		✓12		9.98		36.78	46.76 [smeared]

1889 List of Taxpayers of Frederick County, Maryland

date	name [26 & 27]		district	disbursements	state	interest	County	total
1889	Lawson Cline	wit	✓	1.00				
	Mary Ann Brady	Pen	✓12	10.00				
	Charles T Cassidy	Pen	✓12	15.00				
	Margaret Grove	Pen	✓12	20.00				
	Susan Madron		✓12	20.00				
	Mrs. Richardson		✓12	10.00				
	Sarah Turner		✓12	10.00				
	✓J M Miller		✓12		13.41		49.13?	62.54
	✓Caroline Hale		✓12		.73		2.69	3.42
				86 [subtotal]				112.72 [subtotal]

date	name [26 & 27]		district	disbursements	state	interest	County	total
1889								112.72 [subtotal]
Jan 9	✓John Ogleton & Bro		✓12		.96		3.51	4.47
" "	✓Sarah A. Belt		✓12		.65		2.37	3.02
" "	Chas. C Saylor		17	part				33.30
" "	✓Wm. S. Flook		✓12		15.22		55.71	70.93
	✓Geo Shafer		✓12		15.36		56.33	71.69
	Moses Brooks	col'd	✓12		.93		3.40	4.33
	Rufus A. Bouic		✓1		8.79		32.18	40.07
	Geo F. Kohlenberg		✓1		13.03	.05	47.69	60.72
	Albert F Romsburg		✓2		6.90		25.43	32.33
	Mathias Auzengruber		✓15		.49		1.79	2.28
	Wm. McKissick		✓15		.95		3.48	4.43
	John H. Young		✓2		1.07		3.90	4.97
	Daniel J. Young		✓2		.62		2.28	2.90
	Sarah A. Zimmerman		✓2		1.71		6.27	7.98
	✓Charles A Brooks		✓12		1.36		4.99	6.35
	Geo H. Stone		2	part	.60		2.90	3.50
	Henry E Hanshew		✓2		5.68		20.80	26.48
	✓Reese Merryman		✓12		1.92		7.02	8.94
	Abraham Zentz		✓15		13.41		49.11	62.52
	Elizabeth Schroyer		✓6		.32		1.16	1.48
								565.36 [subtotal]
								47 118

date	name [28 & 29]	district	disbursements	state	interest	County	total
1889			86 [subtotal]				565.36 [subtotal]

1889 List of Taxpayers of Frederick County, Maryland

Jan 9				part		
Jan 9	H. J. Shafer		12			75.00
" "	Joseph E Bruchey		✓2		5.46	6.35
	✓Philip Porter		✓12		5.85	7.45
	✓John W. Porter		✓12		2.17	2.76
	✓Christina Porter		✓12		2.60	3.31
	Barbara Houpt[7]	Penn	✓5	20.00		
	Robt. L. Annan	Phys	✓5	5.00		
	✓Thos. L. Danner		✓12		2.60	3.31
	Lydia Hape	Pen	✓	25.00		
	Lewis Hape	Pen	✓	10.00		
	✓Wm. Cutshall		✓11		23.83	30.34
	✓Henry R. Appleby		✓8		3.61	4.60
	P. C. Cromwell	Misc	✓	197.25		
	Jacob E. Stitely		✓17		4.91	6.25
	✓J Ephraim Stitely		✓8		3.58	4.56
	Howard Norwood		✓8-19		3.00	3.82
	Elmer Brown son of Wm. H		✓13		7.24	9.21
	Lewis A. Leakins		✓17		3.51	4.47
	✓Adam T. Etzler		✓8		6.81	8.67
	A. P. Kessler		✓14		39.03	49.69
	Wm. Wilcoxon		✓13		27.57	35.57
				323.25 [subtotal]		821.32 [subtotal]
						39.83

date	name	district	disbursements	state	interest	County	total
1889							821.32 [subtotal]
Jan 9	[30 & 31]						
	Wm. Wilcoxon	✓2		9.85		36.08	45.93
	✓ " "	✓9		2.04		7.48	9.52
	✓W Scott Keafauver	✓12		9.91		36.29	46.21
	N. J. Wilson	✓2		13.70		50.17	63.87
	✓ " " "	✓7		3.38		12.38	15.76
	Lewis Summers	✓14		.62		2.31	2.92
	James A McGuigan	✓15		.63		2.32	2.95
	Martin C. Overholtzer	✓15		1.98		7.25	9.23
	Arnold R Wilhide	✓15		2.28		8.35	10.63

---

[7] Surname overwritten

1889 List of Taxpayers of Frederick County, Maryland

name		district	state	County	total
John C. Smith		✓15	2.25	8.23	10.78
William Lynn		✓15	3.84	14.04	17.88
Henry Nape		✓15	.35	1.27	1.62
John T Colliflower		✓15	3.09	11.30	14.39
Joseph McSherry		✓15	.45	1.69	2.15
Jeremiah D Harbaugh		✓15	.97	3.56	4.53
Mrs. Maggie S Routzahn		✓15	.63	2.31	2.94
John S Ogle		✓15	7.65	28.02	35.67
Abraham Lohr		✓15	7.80	28.56	36.36
David J Main		✓2	2.66	9.75	12.41
C Frank Dixon		✓2	2.46	9.00	11.46
					1178.53 [subtotal]
					8129.00

date	name		district	state	interest	County	total
1889	[32 & 33]			disbursements			1178.53 [subtotal]
Jan 9	Edward J. Stull		✓2	323.25 [subtotal]		29.45	37.50
" "	Lydia Lidie		✓15	8.05		3.53	4.50
" "	Abraham Mikesell	Const.	✓	.97	19.70		
" "	Daniel L. Wilhide		✓15	1.37		5.02	6.39
	✓Hamilton Stiers		✓9	6.82		24.97	31.79
	Isaac Walker		✓14	1.69		6.18	7.87
	Priscilla Keys	Penn	✓		20.00		
	✓Augustus Etzler		✓8	1.76		6.45	8.21
	✓Geo W. Holland		✓8	1.19		4.36	5.55
	David A. Castle		✓2	2.78		10.17	12.95
	Misses M. P. & Ellen Castle		✓2	4.83		17.70	22.53
	Castle & Gilbert		✓2	1.78		6.50	8.28
	Wm. H. Ketrow		✓13	.64		2.34	2.98
	Gideon M Hedges		✓2	4.03		14.74	18.44
	Eliza J. Tehan		✓2	17.26		63.18	80.44
	N. D. Ramsburg		✓15	2.98		10.92	13.90
	✓David F. Oakley		✓12	.44		1.63	2.07
	Dr. R B Tyler		✓2	.63		2.32	2.95
	" " "	Clk Elec	✓		6.00		
	John W Abbott		✓2	4.13		15.15	19.28
				368.95 [subtotal]			1464.49 [subtotal]
							9108

1889 List of Taxpayers of Frederick County, Maryland

date	name		district	disbursements	state	interest	County	total
1889	[34 & 35]			368.95 [subtotal]				1464.49 [subtotal]
Jan 9	✓Nicholas Fletcher		✓12		.92		3.36	4.28
	Dr. Wm. T Wooten		✓2		.53		1.95	2.48
	"	Physician Inquest	✓2	10.00				2.00
	✓David Roelkey		✓12		.43		1.57	2.00
	✓Wm. H Boyer		✓8		8.41		30.81	39.22
	E. H. C. Fox		✓2 ↗	378.95 [subtotal]				47.09
				→	[8]10.10		36.99	1559.56 [subtotal]
	Wm. A. Wilhide		✓15		4.93		18.07	23.00
	Harry B. Witter	Hawk	✓	35.				
	Josiah E Wilhide		✓15		2.03		7.44	9.47
	✓Geo Graham		✓10		.56		2.05	2.61
	Wm. Purdom		✓18		1.01		3.69	4.70
	Barbara Runkles		✓18		.53		1.95	2.48
	Mary R. Kefauver & Amanda E. Williams		✓12	part				50
	✓John R Barnes		✓9		.75		2.76	3.51
	✓Wm. H. Baker & Amanda Barnes		✓9		2.70		9.89	12.59
	✓John T. Amedia & Jesse L. Baker		✓9		4.08		14.92	19.00
	Henry B. Wilson		✓18		6.87		25.12	31.99
	Wm. H Runkles		✓18		9.56		35.02	44.58
				.35 [subtotal]				203.93 [subtotal]
								4.44

date	name		district	disbursements	state	interest	County	total
1889	[36 & 37]			.35 [subtotal]				203.93 [subtotal]
Jan 10	Mrs. Ellen Cain		✓18		.58		2.12	2.70
	Ludwig J. Meisel		✓18		1.42		5.20	6.62
	Fredk L. Meisel		✓18		.33		1.22	1.55
	Prudence F, Keller wife of J D		✓14		.91		3.35	4.26
	Alice Crummitt	Pen	✓	10.00+				
	Mrs. Laurence Yinger	Pen part [pencil]	✓2	20.00+				
	James D, Keller		✓14		.15		.47	.62
	Martin E, Alexander		✓14		.32		1.17	1.49

[8] line drawn vertically from E H C Fox to totals in this line

1889 List of Taxpayers of Frederick County, Maryland

name		district	state	interest	County	total
Francis Mantz		✓2	2.95		10.83	13.78
" "		✓9	4.56		16.70	21.26
✓ " "		✓7	10.04		36.78	46.82
Margaret Riggs	Penn	✓14	8.28	15.00+	30.32	38.60
Geo E Biser		✓2	5.33		19.50	24.83
Jacob Schmidt		✓2	12.69		46.48	59.17
Bernard Rosenour		✓15	1.13		4.10	5.23
W^m. J, Stansbury		✓15	1.14		4.16	5.30
Henry Shuff		✓15	1.04		3.80	4.84
Lewis Keefer		✓15	5.06		18.53	23.59
Michael Freeze		✓15	2.09		7.67	9.76
Josiah[overwritten] Freeze			45.35 [subtotal]			474.35 [subtotal]
						28.11

date	name		district	disbursements	state	interest	County	total
1889	[38 & 39]			45.35 [subtotal]				474.35 [subtotal]
Jan 10	Julia Sample		✓15		.89		3.25	4.14
	John Knouff		✓5		1.26		4.63	5.89
	Julia S, Biggs		✓15		1.22		4.45	5.67
	✓ Rosetta Trundle		✓7		2.18		8.00	10.18
	✓ W^m. D Trundle		✓7		1.76		6.44	8.20
	John H, Haugh		✓1		1.61		5.88	7.49
	John Moser		✓14		8.77		32.12	40.89
	Lewis A, Hildebrand		✓1		26.87		98.25	125.12
	Joshua H, Main		✓3		4.45		16.28	20.73
	Rusha P Toms	Hawk & owls	✓1	1.05+				
	Jacob Appleman	Pen	✓3	20.00+				
	Samuel Spurrier		✓17		6.99		25.63	32.62
	Frederick Rinehart	Pen	✓9	10+				
	Alexander Pearre		✓19				135.60	135.60
	David W Dudrear		✓19		21.15		77.41	98.56
	Geo W Hawker		✓14				38.33	38.33
	" "	Miss	✓	2.50+				
	✓ Josiah Valentine		✓8		7.37		26.98	34.35
	✓ Albert Cashaur		✓9		2.44		8.92	11.36
	Chas E Saylor		17	part				2.50
				78.90 [subtotal]				1055.98 [subtotal]

1889 List of Taxpayers of Frederick County, Maryland

date	name		district	disbursements	state	interest	County	total
1889	[40 & 41]			78.90 [subtotal]				1055.98 [subtotal]
Jan 10	H. C. Biser		✓14		1.45		5.30	6.75
"	" " "		✓12		3.62		13.26	62.88
"	✓ Wm Richardson		✓9		.54		1.98	2.52
	✓ Isaac Thomas		✓9		.27		.98	1.25
	✓ Charles Lowe		✓9		4.64		16.98	21.62
	Milton R Rice		✓14		2.66		9.73	21.62
	✓ Jacob C Sponseller		✓9		3.47		12.71	16.18
	W^m. H Fritz		✓19		.87		2.95	3.76
	✓ Frank L. Bowlus		✓12		5.81		21.26	27.07
	✓ Lewis H. Bowlus		✓12		6.45		23.62	30.07
	✓ Ann E. Warthen		✓9		.54		2.15	2.64
	✓ Caroline Stewart	col'd	✓9		.57		2.08	2.65
	Mrs. James Warthan	Pen	✓9	20.00+				
	John Sensel		✓14		1.79		6.53	8.32
	✓ Samuel Glissan		✓8		15.82		57.94	73.76
	✓ Jacob Keller of J.		✓9		3.94		14.41	18.35
	Calvin Metcalf		✓8		3.43		12.55	16.01
	Frank Brightwell & wife	Pen	✓	10+				
	Eliz Brightwell	"	✓	10+				
	J. M. Pettitt		✓2	118.90 [subtotal]	4.98		21.47	26.45
								1342.70 [subtotal]
								38.81
								41.11

date	name		district	disbursements	state	interest	County	total
[no date]	[42 & 43]			118.90 [subtotal]				1342.70 [subtotal]
	✓John B Glison		✓8		2.28		8.34	10.62
	✓Rodney T. Glison		✓8		1.24		4.55	5.79
	W^m. J Groshon		✓4		.70		2.57	3.27
	✓Jos C. Riggs		✓9		3.92		14.35	18.27
	Hy Wisner & wife	Pen	✓	25+				
	✓Christ. M Riggs		✓9		1.08		3.94	5.02
	Martin D Troxell		✓4		2.03		7.48	9.51
	Marv E Bidle		✓3		1.53		5.59	7.12
	Chas Lease		✓18		1.29		4.72	6.01

1889 List of Taxpayers of Frederick County, Maryland

name		district	disbursements	state		County	total
Saml. Glisan	Judge Elec	✓					144.27
J. W. Sullivan	Jud of Elec	✓9	6+	30.95		113.32	9.30
W^m. A Hemp		✓14	6+	1.99		7.31	3.26
✓Thos. Alex Fowler		✓9		.70		2.56	18.56
✓Jno. W. H. Boyer		✓9		3.98		14.56	4.56
✓James Boyer		✓9		.98		3.58	5.61
✓Thos. H H Eader		✓9		1.21		4.40	35.92
John W Lohman		✓18		7.70		28.22	2.37
Thos. W Harn		✓18		.51		1.86	5.63
Peter Hoy col		✓18		1.21		4.42	1637.77 [subtotal]
Danl Hartsock		✓18					29.76
Vernon Snyder	1 Hawk	✓	.35+				
			156.25 [subtotal]				

date	name		district	disbursements	state	interest	County	total
[no date]	[44 & 45]			156.25 [subtotal]				1637.77
	Peter Hoy	Pen	✓9	15-+	2.32		8.52	10.84
	✓Manasseh Eader		✓9		1.08		3.93	5.01
	✓Chas Eader		✓9		2.05		7.54	9.59
	✓Jerry Knode		✓7		2.90		10.62	13.52
	✓Jacob Brady		✓9					
	Geo Jones	Pen	✓	15.00+				
	Phoebe Porter		✓	10.00+				
	✓Eden Sheets		✓9		.68		2.49	3.17
	Sallie Ayers	Pen	✓	10-+				
	Henry C Medary	Pen	✓	10-+				
	✓Susan Shank		✓11		1.85		6.76	8.61
	Luckett's Grand Children	Pen	✓	15-+				
	✓W^m. Mount		✓9		4.01		14.65	18.66
	W^m. Creager		✓13		1.90		6.94	8.84
	✓Clem Luckett		✓9		.50		1.82	2.32
	Paul Klipp		✓2		2.98		10.91	13.89
	✓Geo W Keller		✓9		2.20		8.05	10.25
	Franklin Thomas		✓1		25.86		95.51	121.37
	"	trustee C A T	✓1		5.22		19.11	24.33
	Elizabeth Ensworth	Pen	✓	15-+				1888.17 [subtotal]
	~~Maurice~~			246.25 [subtotal]				16.76

1889 List of Taxpayers of Frederick County, Maryland

date	name		district	disbursements	state	interest	County	total
1889	[46 & 47]			246.25 [subtotal]				1888.17 [subtotal]
Jan 10	Alfred V Stull		✓2		2.44		8.94	11.38
	Thos. N Ruply	trustee	✓2		7.67		28.08	35.75
	✓John E. Grimes		✓9		1.94		7.09	9.03
	John A. Delashmutt		✓1		2.70		9.91	12.61
	" " "	Agt G B H	✓1		.71		2.60	3.31
	John A. & E T. H. Delashmutt		✓1		4.08		14.95	19.03
	Luther E. Welling		✓1		1.42		5.20	6.62
	Joshu V Kemp		✓13		.60		2.23	2.83
	✓David P. Zim---		✓11		1.59		5.81	7.40
	Samuel A. Nusbaum		✓17		.64		2.34	2.98
	E. J. Horine		✓14		3.37		12.35	15.72
	Christian Railing		✓2		1.28		4.71	5.99
	✓Henry W. Burke		✓9		8.07		29.53	37.66
	John A Hawker		✓14		.97		3.53	4.50
	✓Charles F Duvall		✓9		18.77		68.71	87.48
	Joseph Hawker	owl	✓	.35				
	✓Wm. Etzler		✓8		1.08		3.98	5.01
	Wm. D Long & Mary A. C. Harn		✓18		8.46		30.97	39.43
	Wm. D Long		✓18		.31		1.12	1.43
	John H. Harn		✓19	46.95	.40	.06	1.46	1.86
				246.60 [subtotal]				2199.19 [subtotal]
								300.107

date	name		district	disbursements	state	interest	County	total
1889	[48 & 49]			246.60 [subtotal]				2199.19 [subtotal]
Jan 10	Margaret S Ecker		✓19		.18		.65	.83
	Josiah S. Thomas		✓1		17.25		64.13	81.38
	✓Cato Adams		✓9		.62		2.29	2.91
	Geo M Potts		✓2				344.75	344.75
	" "		✓15				2.55	2.55
	Harriet Albaugh	Pen	✓2	20.00+				
	Daniel F & Catherine M Roderick		✓14		3.09		11.31	14.40
	Wm. T Crum		✓17		1.07		3.90	4.97
	Geo W. Aldridge		✓18		3.09		11.31	14.41
	✓J Newton Wood		✓9		9.00		32.94	41.94
	John L. Alridge		✓18		.60		2.20	2.80

1889 List of Taxpayers of Frederick County, Maryland

date	name		district	disbursements	state	interest	County	total
1889	Alfred H. Aubert		✓2		5.28		19.34	24.62
	Wᵐ. A. Aldridge		✓18		.26		.95	1.21
	Samuel B. Utz		✓18		1.80		6.57	8.37
	✓Jacob M Shawbaker		✓9		11.28		41.32	52.60
	Evan Wilson		✓18		7.47		27.35	34.82
	~~Miss Ann Hood~~		~~18~~		~~2.31~~		~~8.45~~	~~10.76~~
	Zachariah Condon		✓18		3.27		11.95	15.22
	Mary Ann Henry	Penn	✓	15.00+				2846.97 [subtotal]
	Ann Thompson	"	✓	10.00+				46.95
				291.60 [subtotal]				
				disbursements	state	interest	County	total
				291.60 [subtotal]				2846.97 [subtotal]
	[50 & 51]							
Jan 10	Ann Hood	Room Rent	✓18	4.00+	1.60		5.85	7.45
	Evan Wilson	Miss	✓	6.40+				
	Evan Wilson		✓2		5.81		21.29	27.08
	Mary E Getzendanner			302.00 [subtotal]				2881.50 [subtotal]
11	John W Long		✓18		5.11		18.43	23.88
	Edward C Ensor		✓19		7.37	4	26.98	34.35
	Charlotte ONeal		✓16		1.56		5.72	7.28
	Mary ONeal		✓16		.19		.68	.87
	Ezra Houpt		✓16		.55		2.02	2.57
	Rice O Haller		✓2		.71		2.60	3.31
	Israel C. Rhinehart		✓17		22.60		82.78	105.38
	Charles Hooper		✓16		9.54		34.94	44.48
	James O Hooper		✓16		1.30		4.76	6.06
	Charles H Hooper		✓16		.53		1.95	2.48
	✓Mrs. Saml Show	Pen	✓	10				
	Samuel Show		✓16		.19		.68	.87
	Danl Linton	Pen	✓	5				
	Elizabeth Linton	Pen	✓	10				
	✓Tilghman Grossnickle		✓11		23		.85	1.08
				25.00 [subtotal]				232.61 [subtotal]
				disbursements	state	interest	County	total
				$25.-				232.61 [subtotal]
								14.58
1889	**[52 & 53]**							

1889 List of Taxpayers of Frederick County, Maryland

date	name		district	disbursements	state	interest	County	total
Jan 11	Catherine Forrest		✓2		.30		1.30	1.66
	John H Brown		✓16		.43		1.55	1.98
	Joshua Rice		✓20		4.12		15.11	19.23
	Geo. W. Brane		✓2		.51		1.84	2.35
	✓ " "	Pen	✓	20				
	Jacob D Rice		✓20		2.30		8.44	10.74
	John H. Miller		✓11		1.10		4.00	5.10
	Henry O. Zimmerman		✓11		3.05		11.16	14.21
	Rebecca Whitmer		✓11		.54		1.99	2.53
	Jacob Tresher		✓11		.57		2.10	2.67
	Henry A Boller		✓11		6.15		22.50	28.65
	Elisha H Easterday		✓14		.22		.83	1.05
	Isaih W Boller		✓15		.43		1.56	1.99
	Catherine Krantz		✓1		.53		1.95	2.48
	Charles E. Freshour		✓20		3.02		11.06	14.08
	Joshua Betts		✓6		.27		.98	1.25
	Sarah J. Summers		✓16		1.15		4.23	5.38
	W^m. H. Bowers		✓20		1.37		5.01	6.38
	Charles O Hummers		✓11		.57		2.11	2.68
	Geo F Nichols		✓11		.25		.91	1.16
				$45.- [subtotal]				358.18 [subtotal]
								6.91

date	name		district	disbursements	state	interest	County	total
1889	[54 & 55]							358.18 [subtotal]
Jan 11	✓ Wilford A Renner		✓11		3.86		14.11	17.97
	✓ Josiah Eyler		✓11		7.62		27.89	35.51
	J L & R E Linthicum		✓3		3.02		11.05	14.07
	John Robt. & Mary A. Linthicum		✓3		20.90		105.81	134.71
	Geo A Mort		✓20		.62		2.28	3.90
	Jacob Koogle	Gdn	✓16		5.50		20.16	25.66
	"		"		.22		.88	1.10
	Michael Wachter		✓20		8.64		31.65	40.29
	John Koogle		✓16		2.13		7.80	9.93
	W^m. Ludy		✓16		6.76		24.75	31.51
	Josiah M Schildknecht		✓16		.89		3.25	4.14
	Jacob W. Dutrow		✓16		4.03		14.72	18.75
	Josiah Rowe		✓16		.92		3.37	4.29

1889 List of Taxpayers of Frederick County, Maryland

	name	district	disbursements	state	interest	County	total
	Daniel S. Gernand	✓16		1.24		4.55	5.79
	Jacob H Wachter	✓20		1.37		5.04	6.41
	Jesse Dusing	✓16		1.14 .89		3.25	4.14
	Michael Fogle	✓11		4.12		15.11	19.23
	✓ Sarah L Fogle	✓11		.33		1.22	1.55
	✓ John H. Harman	✓17		.68		2.47	3.15
	Edward Angleberger	✓2		.33		1.21	1.54
							741.82 [subtotal]
							310.99

date	name	district	disbursements	state	interest	County	total
1889	[56 & 57]		$45.- [subtotal]				741.82 [subtotal]
Jan 11	✓ Dennis Schley	✓44 2	20.-	2.14		7.83	9.97
" "	✓ Clegget A Waltz	✓11					
Pen	Eliza Whiten	✓3	10.00	.52		1.89	2.41
	Hanah Beachley	✓3	Bal	10.31		37.75	38.06
Pen	John W. "	✓2		.21		.75	.96
	Dennis Schley	✓	20.00				
Pen	✓ Lucy Sms	✓8		14.78	.11	54.12	69.01
Pen	✓ Abraham Nusbaum	✓	10				
col'd	Mary E. Rohrback	✓8		.40		1.46	1.86
	✓ Charles Butler	✓11		1.52		5.59	7.11
	✓ Lewis D Hardy	✓11		2.82		13.99	16.81
	✓ John Hardy	✓6		.44		1.63	2.07
	Ann Maria Green	✓6		2.49	.02	9.10	11.51
Pen	Geo W. Marker	✓15	15.00				
	✓ Henry Awalt	✓20		11.70		42.82	54.52
	Uriah Ramsburg	✓4		2.29	.02	8.39	10.70
	David E Martin	✓20		7.24		26.53	33.77
	Eli Cramer	✓16		.18		.65	.83
	Lewis Ausherman	✓4		6.51	.05	23.84	30.40
	W^m. Hull		120 [subtotal]				1031.91 [subtotal]
							36.85

date	name	district	disbursements	state	interest	County	total
1889	[58 & 59]		120.- [subtotal]				1031.91
Jan 11	Jeremiah Martin	4	part				34.39

1889 List of Taxpayers of Frederick County, Maryland

	name		district	disbursements	state	interest	County	total
	Daniel L Hull		✓4		8.47	7	31.04	39.58
	David Arnold		12	part [struck through]				123.19
	J P Hummer		✓20		.53		1.93	2.40
	John Stover	✓	✓11		4.93		18.06	22.99
	John S. Kauffman	✓	✓11		15.03		55.05	70.08
	Sarah A Heffner[smeared]		✓20		.27		1.00	1.27
	Mrs. W^m. Fauble		✓12		.70		2.57	3.27
	W^m. B Tayler		✓20		5.28	.04	19.35	24.67
	✓Matilda Jones	Pen	✓	10.00				
	Richard Rowles		✓13		1.20		4.37	5.57
	Jacob A. Bostian		✓17		2.50		7.88	10.03
	Lewis F Wachter of P			part				13.00
	✓James M. Sappington		✓8		26.90	20	98.49	125.59
	C W & Martin Grossnickle		✓16		.57		2.08	2.65
	Lewis W. Schroyer		✓16		1.70		6.21	9.91
	John M Brandenburg		✓16		2.45		8.95	11.42
	✓Sidney & Greenberry R. Sappington		8	part-		2		269.75
	✓John Stull	Penn	✓	15.00				1799.73 [subtotal]
	E J Horine	error in bill Jan 10	✓	1.00				31810.00
	✓Chas. Graff	clk elec	✓	6.00				1793
				152 [subtotal]				
date	name		district	disbursements	state	interest	County	total
1889	[60 & 61]			152 [subtotal]				1799.73 [subtotal]
Jan 11	Edward J Moser		✓16		.34		1.40	1.79
	Benjamin Linebaugh		✓16		6.42		23.51	29.93
	James C Clark		✓6		.40		1.44	1.84
	Amos Lease		✓13		15.22		55.88	71.10
	"		✓9		4.37		16.01	21.38
	David M. King		✓20		.33		1.22	1.55
	Aaron Clary		✓18		3.29	.02	12.02	15.33
	David Bowers		✓16		1.79		6.53	8.32
	John H. Bittle		✓16		9.49	.07	34.74	44.30
	Josiah Schroyer		✓6		1.91		6.97	8.89
	" "		✓16		.62		2.28	2.90
	✓Jacob P Weller	room rent	✓20	14.00				
	" "		✓20	2.50				
	✓Joseph Schroyer	5 Foxes	✓6		3.70		13.56	17.26

1889 List of Taxpayers of Frederick County, Maryland

date	name	district			disbursements	state	interest	County	total
	Wm. L Culler	√2				.99		3.63	4.62
	John A Bear	√20				1.85		6.74	8.59
	Henry R. Harris	√20				.36		1.30	1.66
	Wm. Domer	√15				5.51	4	20.17	25.72
	Caleb L. Wachter	√20				1.69		6.18	7.87
	Ann Domer	√15				.87		3.19	4.06
					168.50 [subtotal]				2075.84 [subtotal]
									39 108

date	name	district			disbursements	state	interest	County	total
1889	[62 & 63]				168.50 [subtotal]				2075.84 [subtotal]
Jan 11	~~John~~ Henry W. Lenhart	√20				2.13		7.81	9.94
	Ed M Kessler	√14				1.25		4.59	5.84
	John H. Saylor	√11				6.30		23.09	29.39
	√Harry Ramsburg	√	Fox		.50				
	√Walter Beachley	√	Hawks		1.75				
	Jacob H. Eichelberger	√20				7.95		29.10	37.05
	Wm. H. Butler	√20		col		1.41		5.19	66.60
	Matilda Creager[9]	√13				1.78		6.50	8.28
	James F. Beall	√1				7.78		28.47	36.25
	√ " "	√7				.36		1.30	1.66
	√Jesse Brandenburg	√9				6.31		23.12	29.43
	Margaret Beall	√7				2.82		10.33	13.15
	Vanfossen Wm. H.	√13				2.04		7.48	9.52
	√Agnes Beall wife of Natha	√7				.18		.66	.84
	√Alexander McDade	√12				.78		2.87	3.65
	Charles G Davis	9			part 10.00		3		15.06
	Wm. Lee	√	Pen						
	√Sol P Ernest	√11				1.00		4.95	5.95
	√Mary A Gittings	√12				1.78		6.50	8.28
	Tilghman Alexander	√12				1.90		6.93	8.83
					180.75 [subtotal]				2305.56 [subtotal]
									311.98

---

[9] T not crossed in Matilda

1889 List of Taxpayers of Frederick County, Maryland

date	name		district	disbursements	state	interest	County	total
1889	[64 & 65]			180.75 [subtotal]				2305.56 [subtotal]
Jan 11	George Baker		✓14		2.94		10.77	13.71
" "	Tho[s]. Pearl	Pen	✓	10				
" "	John Hanna	wit	✓	.33				
	Henry Miller		✓15		.48		1.76	2.24
	Sarah Miller	Pen	✓15		10			
	W[m]. T. Wagner		✓8		7.10		26.00	33.10
	Enoch Garber	Pen	✓11		10			
	Robert Barrick		✓11		14.69		53.79	68.48
	James L. Green		✓4		2.28		8.33	10.61
	Robert Barrick	Miss[10]	✓2	11.25				
	W[m]. E. Green		✓		2.15		7.87	10.02
	Robert Barrick	Damages	✓	17.80				
	James Brown	Depty registrar	✓	17.50				
	Joseph Fogle		✓17	125.00				
	" "	R Damage	✓		1.64		5.99	7.63
	A. J. Iler		✓11		.60		2.20	2.80
	Mrs. Margaret Nolte		✓2		1.37		5.01	6.38
	Elmira Fisher		✓16		.48		1.92	2.20
	Phillip C Fisher		✓16		.37		1.37	1.74
	W[m]. H Barington		✓16		1.85		6.95	8.60
				382.63 [subtotal]				2473.07
								15.63

date	name		district	disbursements	state	interest	County	total
1889	[66 & 67]			382.63 [subtotal]				2473.07 [subtotal]
Jan 11	Jacob H. Hinea		20	part				27.75
" "	Benjamin Holtz		✓20		1.39		5.11	7.50
" "	Philip C Fisher	1 Fox	✓	.50				
" "	Mary Margaret E Worman		✓2		7.40		27.08	34.48
	Edward D Zimmerman		✓1		20.89	.18	76.49	97.56
	"		✓2		15.99	.12	58.54	74.65
	✓		✓7		.48		1.76	2.24
	Mahlon James		✓18		1.21	.01	4.42	5.64

---

[10] Snow Shov

1889 List of Taxpayers of Frederick County, Maryland

name			district		state	interest	County	total
Richard A. James			√18		5.11	.05	18.72	23.88
Catherine Tucker			√2		5.77	.04	21.13	26.94
W^m. J. Tucker			√2		15.27	.12	55.90	71.29
Peter Kephart	Heirs		√2		1.95	.01	7.15	9.11
Charles E Zimmerman of E. D.			√2		2.19		8.03	10.22
√Hanah McGee	Penn	10.00	√2					1.99
Mary Dinterman			1		.43		1.56	25.73
Horace J. Zimmer--		Part	√1		16.69		61.10	52.19
" "		Bal	√2		.18	.13	.65	.83
Chas. M. Hermann			√11		19.18		70.25	89.43
√Chas. H. Fulton			√11		.36		1.30	1.66
√Harriet E. Routzahn					393.13 [subtotal]			3035.16 [subtotal]
								68.11

date	name		disbursements	district	state	interest	County	total
1889	[68 & 69]							
Jan 12	Hy W. Summers & Bro			16	9.40		34.43	22.00
	B. W. Meitzer			√1	.84	.08	3.09	43.91
" "	Peter Morgan		Part	√2				3.93
	W^m. F A Stouffer		Part	11	.20		.74	2.89
	John F Gonso			√2	1.77		6.47	.94
	C. J. Smith			√2	.71		2.60	8.24
	Laura V Smith			√2	.90		3.30	3.31
	Uriah & W Stone			√2	.98		3.56	4.20
	David M Wachter			√20	8.14		29.80	4.56
	xFrederick Kreitz			√2				37.94
	" "	Judge of Elec 21	3.00	√2	.88		3.36	4.24
	Dennis F. Staley	Jdg Elec	3.00	√1				
	xW^m. F Zimmerman			√1				
	Susan M. Thomas	Clk of Elec			2.45	.02	8.97	11.44
	xMichael Kennedy	Meg	272.80	√	6.00			
	James H. Brandt	const	56.30	√				147.58 [subtotal]
	Josiah H. Lewis	" "	28.20	√				4.63
	Keefer & Knauff	Pri-	208.50	√				
	" "	"	223.25	√				
			801.05 [subtotal]					

1889 List of Taxpayers of Frederick County, Maryland

date	name		district	disbursements	state	interest	County	total
1889	[70 & 71]			801.05 [subtotal]				147.58 [subtotal]
Jan 12	Mary Ann Staley		√2	341.12	.78		2.85	3.63
	Whereheiser & Pangs	Print	√2		1.63	.01	5.96	7.60
	Henry Gonso		√2	89.00 [smeared]				
	W^m. H Cromwell	Reg	√2		.68		2.50	3.18
	Wm Knill		√2		.70		2.56	3.26
	John A Stone		√21					
	xClarence Holtz	Clk Elec	√3	3.00	4.39	.07	32.99	37.45
	Joshua H. Bickwith		√	10-				
	W^m. Wagner	Pen	√	10-				
	Martha " "		√2		.58		2.13	2.71
	James Wagner		√2		20.42	.19	74.76	95.37
	David V Stauffer		√4		8.09	.07	29.62	37.78
	Americus G F Wiles		√2		1.80		6.58	8.38
	John Korrell		√20		.59		2.16	2.75
	John H Clem		√8		12.28		44.96	57.24
	√Martin L Nicodemus		√15		9.93	.29	36.37	46.39
	John Smith		√4		2.12	.02	7.80	9.94
	Elizabeth M Holland		√15		.18		.65	.83
	John R Holland		√18		4.24		15.53	19.77
	L B Norwood	Judge Elec	√	12-				483.86 [subtotal]
	x " "			1258.17 [subtotal]				39.88

date	name		district	disbursements	state	interest	County	total
1889	[72 & 73]			1258.17 [subtotal]				483.86 [subtotal]
Jan 12	Henry Coblentz		√3		1.31	.01	4.80	6.12
" "			√2		1.17	.01	4.25	5.42
	Catharine Yonson		√3		1.28	.01	4.68	5.97
	David Shankle		√2		1.08		3.93	5.01
	xDanl L Slagle	Judge Elec	√		6.00			
	Phillip Norris	1 Fox	√	.50				
	√Horace Williams		√9		.36		1.30	1.66
	E G Gardner	Road Dam	√7		179.04			
	√E G Gardner		√3		7.93		29.03	36.93
	Amanda Koogle & sisters		√3		10.75		39.36	50.11
	John L Sigler		√3		2.24		8.19	10.43

1889 List of Taxpayers of Frederick County, Maryland

name		district	disbursements	state	interest	County	total
Hannah Sigler		√3		2.25		8.22	10.47
John W Miller		√20		5.31		14.44	24.75
√Marshall O. Ramsburg		√11		10.22	.09	47.63 37.41	47.72
√John T Williams		√9		6.04	5	22.10	20.19
√Jane E Williams		√9		.80		2.93	3.73
" "		√7		10.47	.10	48.31	48.88
John T Williams		7	part				19.20
√Sarah Mount		√9		1.31	1	4.80	6.12
√Geo F Dinterman		√11		6.45	6	23.62	30.13
			1443.11 [subtotal]				824.70 [subtotal]
							48.87

date	name		district	disbursements	state	interest	County	total
1889	[74 & 75]			1443.11 [subtotal]				824.70 [subtotal]
Jan 12	√ Lucinda A Otto		√11		1.13	1	4.11	5.25
	A W Burkhart		√2			4	43.02	43.67
	Daniel Connor	Pen	√2	25.00				
	John O Holtz		√13		18.38	.17	67.81	86.36
	Wm. A. Figgins		√14		.51		1.85	2.36
	Adam Crum		√13		1.43		5.23	6.66
	Daniel E Buckey		√16		17.38	.16	63.64	81.18
	Sarah Seachrist		√1		1.78	1	6.50	7.29
	√ Alfred W. Davis		√7		2.46	.02	9.02	11.50
	Jonas Urner		√19		.14	83.36	83.50	
	Elizabeth Wilt	Pen	√	15.00	[11]3.13	.04	12.56	15.73
	√ Jno Meeks		√12					
	Jno Meeks		√12		.89		3.25	4.15
	Geo W Taylor	Juror	√	.50				
	√ Plummer I Riggs		√11		.63		2.30	2.96
	√ Solomon Tucker		√8		1.01		3.69	4.70
	John Root		√15		16.13	.13	59.04	75.30
	Chas H. Coblentz		√3		32.67	.30	119.64	152.60
	x " " "	Jud of Ele	√	12				1407.92 [subtotal]
				1506.21 [subtotal]				86.76

---

[11] Line drawn to the tax info from Jno Meeks name.

1889 List of Taxpayers of Frederick County, Maryland

date	name		district	disbursements	state	interest	County	total
1889	[76 & 77]			1506.21 [subtotal]				1407.92 [subtotal]
Jan 12	✓S V Blessing		✓12		.75		2.76	3.51
	✓Ann Martin	Heirs	✓12		.22		.81	1.03
	E. S. Eichelberger	Atty		120.00				
	John G Hess	R Miss [smeared]		110.00				
	✓Robert J. Beall		✓9		1.48		5.43	6.92
	Glenn O. Stouffer	Chairman- Miss	✓	1.00				
	Harry	"	✓	1.00				
	✓John M. Brown		✓10		4.19	.04	15.34	19.57
	Edward A. Gittinger		✓2		4.42		16.20	20.62
	Harriet S Benson	Pen		10				
	Geo C Roderick	Printing	✓3	67.75				
	" "		✓3		5.54		20.31	25.85
	Adam Koogle		✓3		17.41		63.72	31.13
	Thomas W Koogle		✓3		2.66		9.95	12.41
	Daniel Mainhart		✓2		4.05	5	17.00	21.65
	Singleton Dean		✓2		.25		.91	1.16
	✓Thomas Hightman	Col	✓12		30.42		111.39	141.81
	Alfred T. Beatty	Judg of Elec	✓12	6.00	7			
	John F. Stine		✓2		26.00	.24	95.18	121.42
				1811.96 [subtotal]			24.74	1865.00 [subtotal]

date	name		district	disbursements	state	interest	County	total
1889	[78 & 79]			1811.96 [subtotal]				1865.00 [subtotal]
Jan 12	✓Clarissa Thomas	col wido of Philip	✓7		.53		1.95	2.48
" "	John L Holmes		✓2		.21		.78	1867.48 [subtotal]
								.99[12]
" 14	✗Geo. W. Devilbiss		✓19		23.58	.22	86.32	1868.47 [subtotal]
	✗✓" "Cutsail		✓9		1.42	.02	5.24	110.12
	" "	owl	✓	1.75				6.64
	✗Samuel Hinks		✓2		10.71	.12	39.21	50.04
	✗D. B. Routzahn		✓3		3.43	.04	12.59	16.06

[12] mark drawn to line above [total taxes owed by John L Holmes]

1889 List of Taxpayers of Frederick County, Maryland

		name		district	disbursements	state	interest	County	total
			Clerk Elec						
"		xLucinda Nelson		✓	6.00	.47		1.70	2.17
"		Julia Powell	Pen	✓2					
		xAdam Railing		✓2	10.00	1.04	.01	3.77	4.82
		xBuckeystown T. P. Co.		✓2		.04	24.10	24.14	
		x✓Elizabeth Stultz		✓9		.41		1.50	1.91
		x✓Filmore Stultz		✓9		.30		1.09	1.39
		Sarah Ann Platt	Penn	✓1	15.00				
		x J Fenton Thomas		✓1		2.39		8.75	11.14
		x Simon Schmidt		✓2		1.15		4.23	5.38
		x Mary A. Baightel		✓17		4.06	.05	14.85	18.96
					32.75 [subtotal]				252.77 [subtotal]

date	name			district	disbursements	state	interest	County	total
1889	[80 & 81]				32.75 [subtotal]				252.77 [subtotal]
Jan 14	xAlfred Basford			1	part	.94	.04	3.44	4.39
14	xMary E. Flook			✓3		.27		1.01	1.28
	Mary R. Kefauver & Amanda E Williams			✓12	Bal	15.92		58.28	24.20
	Peter S. Hemp			✓12		1.73		6.34	8.07
	Edward Remsburg			3		2.17	.03	7.93	10.13
	xEdward Remsburg			✓3		.49		1.79	2.28
	Stephen A Thomas			4					
	xHenry Weeden	col		✓1		.20		.72	.92
	xWᵐ. Eigenbrode			✓5		4.02	.04	14.69	18.75
	xJohn Eigenbrode			✓15		2.58	.03	9.43	12.04
	xJoseph L. Thomas			✓2		16.98	.19	62.21	79.38
	Benjamin F. Smith	Poleman		✓	1.25				
	xFrederick Holtzapple			✓20		2.02	.02	7.40	9.44
	xCatherine Beard			✓11		2.61		9.53	12.14
	x✓John W. Shaw			✓11		1.78		6.50	8.28
	x✓Jacob M. Newman			✓11		16.78		61.43	78.22
	x✓Ann Shaw			✓11		2.40		8.78	11.18
	x✓Susann Young			✓11		1.16	.01	4.22	5.39
	Christina Best	Pen		✓11	15				
	Susan Beard	"		✓11	10				37.59
					59.00 [subtotal]				528.73 [subtotal]

1889 List of Taxpayers of Frederick County, Maryland

date	name		district	disbursements	state	interest	County	total
1889	[82 & 83]			59.00 [subtotal]				528.73 [subtotal]
Jan 14	Michael Ebberts	Pen	✓11	25				
	Henry Holbrunner & wife		✓	25				
	Chas. J. Stottlemyer	Print	✓	31.50				
	Jacob M. Newman	Inques	✓	.50				
	xJohn T. Warner		✓17		.36		1.30	1.66
	x✓Geo P. Barrick		✓11		23.12		85.59	108.71
	x✓ " " "		✓8		.64		2.34	2.98
	xChristina Best		✓11		.80		3.14	4.04
	xDavid F. McKinney		✓1		48.71	.57	179.34	228.62 [smeared]
	x✓Wm. W. Walker		✓9		22.27	.26	81.54	104.07
	Geo P. Barrick	R Damage	✓		33.82			
	xJ. P. & G. R. Sappington		✓18		8.88	.10	32.50	41.48
	xDr. G R Sappington		✓19		14.50	.17	53.09	67.76
	xGeo. K. Geiselman		✓4		12.32	.14	45.10	57.56
	xChas. B. Sappington		✓18		21.83	.25	79.95	102.23
	x✓Wesley Boyer		✓9		10.10 7.61	13 .09	37.00 27.90	47.22 35.60
	xMiranda Boyer wife of Wesley		✓9		4.44	.05	16.25	20.74
	xFannie R. & Chas. B. Sappington		19	part				22.76
	x✓Garrison Brandenburg		✓9		7.33	.09	26.85	34.27
	x✓Francis R. Sappington		✓8		19.50	.24	71.50	91.27
				174.82 [subtotal]				1452.25 [subtotal]
								47.87

date	name		district	disbursements	state	interest	County	total
1889	[84 & 85]			174.82 [subtotal]				1452.25 [subtotal]
Jan 14	xThomas Molesworth	Scalp	✓18	35-	8.47		31.01	39.48
	Lemuel R Brandenburg		✓					
	xJ. J. Summers		✓16		7.59	.09	27.79	35.47
	xGeo. A Graham		✓4		5.73	.06	20.97	26.76
	xFlorence W. Ecker		✓17		1.07	.01	3.90	4.98
	xMary Ecker		✓17		6.44	.07	23.60	30.11
	xEmily Jane Ecker		✓17		.43		1.56	1.99
	Mary Gaugh	Pen	✓	10.				

---

[13] Illegible, struck through

1889 List of Taxpayers of Frederick County, Maryland

		district	disbursements	state	interest	County	total
	xTho[s]. Marshall	√20		.54		2.00	2.54
	x√W[m]. Gray	√7		.21		.75	.96
	xJ. A. Hankey	√4		.38		1.39	1.77
	xB. W. Buckingham	√19		.82		2.99	3.81
	xJohn Henry Blank	√2		2.95		10.74	13.74
	xJames A. Orendorff	√5		11.22	.15	41.09	52.46
	xJohn B Kunkle	√10		1.62		5.91	7.53
	xRobt. D Eaton	√20		5.70	.09	20.86	26.65
	x√Dawson V Hammond	√8		10.49	.14	38.42	49.05
	xGeo W Burrier	√13		5.31		19.44	24.75
	xEdward E. Buckey	√19		6.29	.07	23.03	29.39
	" "	√13		1.33		4.88	6.21
x				185.17 [subtotal]			1809.90 [subtotal]
							8 1010

date	name	district	disbursements	state	interest	County	total
1889	[86 & 87] [14]		185.17 [subtotal]				1809.90 [subtotal]
Jan 14	xMrs. Jno W. Ogborn	√13		.18		.65	.83
" "	xW[m]. McDannell	√13		25.48	.29	94.15	119.92
" "	x√Tilghman Alexander	√12		1.90	.02	6.93	8.85
" "	xAdam Link	√13		3.12	.04	11.95	15.11
" "	xMilton McDaniels	√13		.66		2.43	3.09
" "	xLycurgus W. Lare	√2		.30		1.11	1.41
							1959.11
" 15	Lewis H. Staley	√2		3.02	.03	11.05	14.10
	Simon P. Ambrose clerk of ele		3.00				
	Geo H. Hoover	√15		9.04	.10	33.09	42.23
	Lavinia Recker	√15		2.98	.03	10.92	13.93
	Andrew J. Valentine	√15		1.13		4.13	5.36
	" " Miss	√	5.00				
	Geo D. Gaver	√16		3.09		11.32	14.41
	" " & Saml Early	√2		.44		1.63	2.07
	W[m]. E Sponseller	√2	Bal	2.40		8.80	2.20
	Joseph Palmer	√6		.53		1.95	2.48
	William W Taylor	√16		.48		1.73	2.21

[14] [written at top of page 87] No 3 134 page 143

1889 List of Taxpayers of Frederick County, Maryland

			district	disbursements	state	interest	County	total
	Abraham Long		✓4		1.70	.02	6.21	7.93
	Leah Broadbeck		✓4		7.45	.09	27.28	34.82
	xAbraham Long		✓11		~~1.99~~ 3.55	~~.02~~ .04	~~6.96~~ 13.00	~~8.99~~ 16.95
				8.00 [subtotal]				158.33 [subtotal]

date	name		district	disbursements	state	interest	County	total
1889	[88 & 89]			8.00 [subtotal]				158.33 [subtotal]
Jan 15	W^m. H. Fox		✓4		3.56	.08	12.90	16.54
" "	Daniel M. Culler		✓4	part	15.08	.17	55.21	~~66.33~~ 70.46
" "	John C Lambert		✓14		1.01		3.70	4.71
" "	Mary A. Lambert		✓14		1.60		5.85	7.45
" "	Christian Lerch		2		1.14	.02	4.16	5.32
" "	William H Baker		✓19		12.81	.15	46.91	59.87
" "	~~Mary E Main wife of M C~~		~~2~~					
	Abraham Smith	Pen	✓	10	.25		.91	1.16
	Danl Dorsey col		✓13		1.26	.01	4.64	5.91
	✓James P. Molesworth		✓9		.49		1.79	2.28
	✓Henry S. Wagoner		✓8		.70		6.20	7.90
	Frederick D Barrick		✓13		1.21		4.97	6.18
	Jacob ~~Eliza A~~ Diller		✓13		12.47	.15	45.63	58.25
	Wash^t Shoemaker		✓5		10.78		39.46	50.26
	✓Randolph G Stull		✓11		.22		.80	1.02
	James Jones	[smear]	✓11	15-				
	Harriet Jones	Pen	✓	6-				
	R G Stull	Judge Elec	✓					
	✓Nathan Maynard	Pen	✓9	15-	13.08	.10	47.90	61.08
	Chas E Biddinger			~~64~~ 54 [subtotal]				516.72 [subtotal]
								47.67

date	name		district	disbursements	state	interest	County	total
1889	[90 & 91]			~~64~~ 54 [subtotal]				516.72 [subtotal]
Jan 15	John Smith	Road Dam	✓9	55.79	2.69	.03	9.87	12.59
	✓John W Molesworth		✓11		3.02	~~.03~~	11.05	14.07
	Benjamin Smith		✓					
	Mrs. " "	Inquest	✓7	.33	.62		2.28	2.90
	John J Jamison & Son		9	Bal.	8.36	.08	30.62	34.62
	Esther Ketrow wife of Chas W.							
	✓Albert Valentine		✓8		.53		1.95	2.48

1889 List of Taxpayers of Frederick County, Maryland

name		district	disbursements	state	interest	County	total
✓Jesse Roop		✓18		11.98	.14	43.89	56.01
✓Plummer I Riggs		✓11		2.95	.02	10.80	13.77
W^m. P. Rice		✓2		3.42		12.51	15.93
✓Sebastian Kinley		✓9		2.85	.03	10.45	13.33
Chas W. Haller		✓2		6.51	.07	23.86	30.44
Henry Stouffer		✓13		.89		3.38	4.27
" "		✓13		3.44	.04	12.61	16.09
Jacob Minnick		✓3		.40		1.46	1.86
" D "	Hawks	✓	1.05				
Mrs. Louisa G. Bobst		✓2	121.17[overwritten]	.27		.98	[15]1.25
✓ " L. A. Bowers		✓11	111.17	4.54	.05	16.60	21.14
✓Jacob H. Bowers		✓11		3.17	.03	11.62	14.82
Eveline Kohlenburg		✓1		.36		1.31	1.67
							773.96[subtotal]

date	name		district	disbursements	state	interest	County	total
1889	[92 & 93]							
Jan 16	James Kelley		✓2		2.45		8.97	11.42
"	Daniel W. Stouter		✓5		4.23		15.47	19.7
"	James T Hays		✓5		7.65		28.01	35.66
"	Geo W. Lynn		✓5		1.59		5.81	7.40
"	Paul Hyder Exr of Harner Dc^d		✓5		1.78		6.50	8.28
"	Barbara Hardman		✓5		1.24		4.55	5.79
"	Geo M. Rider		✓5		6.67	.08	24.41	31.16
"	Jacob Myers[16]		✓5		5.42	6	19.84	25.32
"	W. Irving Parsons		✓2		7.35		26.91	34.26
"	Mary E. Lutz	Pen	✓	15.00				
"	Geo A. Stevens		13	part				2.04
"	W. Irving Parsons	clerk of Elec	✓	1000.00				
"	Henry Keller		✓16		14.15	.16	51.82	66.13
"	F. P. Angleberger		✓2		1.48	.01	5.41	6.90
"	Joshua J. Dill		✓2		2.66		9.75	12.41
"	J. Jacob Sahm		✓2		3.13		11.44	14.57

---

[15] Subtotal penciled in 736.33

[16] $16.64 of this bill was paid Jan 2, 1889 in name of Chas. D. McCannon

1889 List of Taxpayers of Frederick County, Maryland

	name			district	state	interest	County	total
	Sahm & Dill			√2	8.88		32.50	41.38
	Arthur F Sponseller		√	√9	3.01	4	11.02	14.07
	John D. Miller			√3	1.28		4.70	5.98
	Caroline Tyler			√9	.27		.98	1.25
					1015.[subtotal]		8.78	343.72[subtotal]

date	name			district	disbursements	interest	County	total
1889	[94 & 95]							343.72 [subtotal]
Jan 11	Curtis W. Thomas			√1	28.51	33	104.40	133.24
" "	√Charles Anders			√11	.92	1	3.35	4.28
" "	√C. W. Thomas			√7	.53		1.95	2.48
	Mary & Ellen Payne			√2	2.84		10.40	13.24
	Geo E McLain			√2	.36		1.30	1.66
	Stone & McLain			√2	1.07		3.90	4.98
	√Thomas A. Ogle			√9	18.86	.01	69.06	88.02
	√Thomas Mullican			√7	1.52	.10	5.56	7.10
	√Geo T Mullican			√7	.47	2	1.70	2.17
	James K. Waters			√16	1.17	.01	4.29	5.47
	Frederick Muck	Heirs		√3	1.76	.02	6.44	8.22
	Geo W. Slifer			√3	.45		1.64	2.04
	Anna Slifer wife of Joshua			√3	1.74	.02	6.37	8.13
	Lewis P Coblentz			√3	20.08	.24	73.52	93.84
	√Absalom Garver			√8	.53		1.95	2.48
	Wᵐ. A. Sappington			√18	2.49	3	9.10	11.62
	√ " "			√8	11.28	14	41.31	52.73
	Clarence W. Hilleary			√12	.57		2.08	2.65
	√ " " & S. A. "			√12	16.56	19	60.64	77.39
	√Geo Sprigg	colᵈ		√9	.23		.85	1.08 [smeared]
								866.59
								48.81

date	name			district	state	interest	County	total
1889	[96 & 97]				disbursements			866.59 [subtotal]
					1015 [subtotal]			
Jan 16	H. P. Ramsburg			√20	7.71	.09	28.24	36.04
" "	F. Marion Fauble	Atory		√	88.32			
" "	Joseph Becht	Miss		√	48.00			51.30
	Geo H Zimmerman			√2	1151.32 [subtotal] 11.00		40.30	955.93 [subtotal]

1889 List of Taxpayers of Frederick County, Maryland

date 1889		name		district	disbursements	state	interest	County	total
"	17	Augustus Mehring		✓5		.27		.98	1.25
"	"	Jos S Waddles		✓5		4.29	4	15.71	20.04
"	"	James A. Smith		✓14		.44		1.63	2.07
"	"	John W Creager		✓15		2.56	3	9.31	11.90
"	"	Robert Wilhide		✓15		.43		1.56	1.99
"	"	Augustus Williard		✓15		.33	2	3.39	4.33
"	"	Emanuel Myers	col	✓3		.23		.85	1.08
"	"	Ed. F. Coblentz		✓3		14.41	17	52.75	67.33
"	"	"		✓2		.43		1.56	1.99
"	"	Jacob Renner		✓2		.80		2.94	3.74
"	"	James E Duvall		✓2		.53		1.95	2.48
"	"	✓John M Dean		✓9		3.42	2	12.52	15.98
"	"	✓Lemuel H Poole		✓9		.59		2.15	2.94
"	"	Mrs. Mary Poole & Chil^d	Pen	✓	25.00				
"	"	Col. Jno. T. Sinn Gdn of M R Sinn		✓2		.98	.02	3.58	4.58
									141.50

date 1889		name		district	disbursements	state	interest	County	total
		[98 & 99]			25. [subtotal]				141.50 [subtotal]
Jan 17		✓Roderick Hobbs		✓9		.44		1.63	2.07
"	"	Chas E. Feaga		✓18		4.55	5	16.64	21.24
"	"	"		2		3.75	.05	13.73	17.53
"	"	Red Spring Creamery Co.		✓14		.72		2.60	3.32
"	"	Mrs. Shores	Pen	✓1	6.00	2.62	.03	9.59	12.24
"	"	Mary A Zimmerman		✓2		.24		.88	1.12
"	"	M. J. Grove		✓2	31.00 [subtotal]			76.91	76.91
"	"	Maryland Hospital for the In[s]ane		✓	600.00				258.40 [subtotal]
					631.00 [subtotal]				
"	18	Mrs. Phoebe Ann Foreman		✓15		4.70	5	17.20	21.95
"	"	Mahlon A. Bowers		✓20		.75	1	2.76	3.52
"	"	Jonathan Shankle		✓2		.95	1	3.46	4.42
"	"	Phillip Reich		✓2		13.94	21	51.03	65.18
"	"	Geo Wentz & Margaret Eisenhour		✓2		6.04	9	22.10	28.23
"	"	Geo Wentz		✓2		.71	1	2.60	3.32
"	"	Phoebe A. Staley		✓2		5.36	.07	19.73	25.16
"	"	Upton M Geisbert		✓4		11.37	3	5.05	6.45
"	"	Augustus Shorb		✓4		1.58	3	5.79	2.40

1889 List of Taxpayers of Frederick County, Maryland

	name		district	disbursements	state	interest	County	total
✓May Stouffer		Wit		5.00				
✓Elmer T Stouffer		Wit		5.00				145.63 [subtotal]
				10.00				4.33

date	name		district	disbursements	state	interest	County	total
1889	[100 & 101]			10 [subtotal]				165.63 [subtotal]
Jan 18	Irving W Devilbiss	Hawks		.70				
	Elenora Stouffer		✓1		.62	2	2.28	3.92
	✓Mrs. L. Schildknecht		✓12		.78		6.50	8.29
	✓C. H. "	Miss		16.40				
	✓Daniel Swedner		✓8		9.28	.11	34.79	44.18
	Mrs. Ann Waters wf of James		✓16		22.22	.32	87.38	103.32
	✓Mathias Sager		✓11		1.13		4.12	5.25
	Elmer E Keller		✓16		1.98	.02	7.25	9.25
	Francis Shaff		✓14		2.29	.03	8.39	10.71
	✓Edward Hughes	clerk of Elec		6.00	6.00			
	✓James Brown	" " "		6.00				
	✓Daniel F Strausberg Jr	" " "		6.00				
	✓Geo. M. Shaw	cor Inquest		5.00				
	✓John H. Haugh	Miss		30.12				
	✓W^m. H. Bradshaw	Room rent		8.00				
	✓W^m. A. Gardner	" "		7.00				
	✓Kauffman & Markell	Print act		110.50				
	✓James Keller		✓9		1.67	.02	6.11	7.80
	✓Gibson Smith	Reg Reg		79.00				
	✓Evan N Hobbs	Reg		137.50				
	✓ " " "			46.50				
				468.72 [subtotal]				358.95 [subtotal]

date	name		district	disbursements	state	interest	County	total
1889	[102 & 103]			438.72 [subtotal]				358.95 [subtotal]
Jan 18	✓Chas B. Tyson	asst reg of vo	✓	132.00				
	✓W^m. W. Hardesty	"	✓	17.50				
	✓Franklin Sav. Bank	Tax in em	✓	39.91				
	✓Mary Ann Fisher		✓16		.35		1.28	1.63
	✓Worthington R. Johnson	May	✓	647.35				
	" " "		✓	32.45				
	✓Stephen A. Thomas	"	✓	132.00				

1889 List of Taxpayers of Frederick County, Maryland

	name		district	disbursements	state	interest	County	total
✓	Daniel Strausburg	"		9.75				
✓	W^m. H. Krantz	Constable		409.45				
✓	" " "	"		30.85				
✓	Jas. E Staub	"		48.35				
✓	J B Cover	"		25.98				
✓	Isaac H Grumbine	"		8.54				
✓	David E. Kinna		16		.75	.01	2.73	3.49
✓	Clementine C. Zim—		2		1.72	.02	6.28	8.02
✓	Benj Lenheart		7		.26		.94	1.20
✓	John S. Umbrerger		9		7.44	.08	27.25	34.77
✓	Thos. J. Griffith		9		1.17	.01	4.25	5.43
✓	Rev Geo Deihl D D		2		7.12		26.09	33.21
	Charlotte Grime	Pen		15.00				
✓	Mahlon Arnold		12		11.87	.18	43.45	55.50
				2017.85 [subtotal]				502.40 20 [subtotal]

date	name		district	disbursements	state	interest	County	total
1889	[104 & 105]			2012.85 [subtotal]				501.20 [subtotal]
Jan 18	✓W^m. H Bradshaw	et al wit[17]	✓	10.00				
	✓Maria Griffiths	col^d	8		.44		1.63	2.07
	do do	Pension	✓	15.00				
	Sarah A. Rollins	Pen	✓	10.00				
	Franklin Saving Bank		2		8.70		31.85	40.55
	✓ " " "		12		25.01		91.60	116.61
							161.80	161.80
	✓Horace L Murphy		7		.39		1.40	1.79
	✓John Fleagle	Miss	✓	136.45				
	✓John L Stottlemyer & M Brandenburg		10		.64	.01	2.34	2.99
	✓Allen Gross		12		.64	.01	2.34	2.99
	✓J Edward Virtz		14		1.34	.02	4.90	5.26
	Geo P. Sheffer		3		7.88	.09	28.87	36.84
	Mary A. Reeder		3		.71		2.60	3.31
	Geo W. Main		16		2.77	.03	10.14	12.94
	Henry Wilhide of F.		15		4.38	.05	16.04	20.47
	F. W. Ridenour		15		.89	.01	3.25	4.15

---

[17] civ in nam of Jacob Schwarz

1889 List of Taxpayers of Frederick County, Maryland

name		district	disbursements	state	interest	County	total
Jonas Urner	Exr of Samls[18]	✓19		9.15	.08	33.53	42.76
Elhanon W. Urner	" "	✓19		10.65	.09	39.00	49.74
" "		✓18		.22		.81	1.03
			2195.30 [subtotal]				1007.50 [subtotal]

date	name	district	disbursements	state	interest	County	total
1889	[106 & 107]		2195.30 [subtotal]				1007.50 [subtotal]
Jan 18	John W. Cook	✓1		28.78	.34	105.37	134.49
" "	✓Cook & Myers	✓7		.20		.73	.93
" "	Martin Keller	✓14		.27		.98	1.25
"	✓Abraham Spahr	✓	$17.33				
	Abraham Roddy	✓15		13.06	.06	47.80	61.02
	Abraham F Roddy Jr.	✓15		.78	.01	2.86	3.65
	✓Zachariah G. Harris	✓	101.39				
	Mary A. Muller	✓15		.78	.01	2.87	3.66
	Cornelius Doub	✓3		1.85	.02	6.74	8.61
	✓Michael Seachrist	✓11		15.40	.22	56.39	72.01
	Henry Webster	✓3		1.47	2	5.36	6.85
	Noah Routzahn	✓3		1.83	.03	6.69	8.55
	✓Mrs. Shover	✓	14.00	[19] 9.86	.14	36.12	46.12
	Isaiah Main			9			
	Peter Fogle Gdn for E. J.A.B. & J H	✓17		.99		3.60	4.59
	✓Margaret Fogle wid of Danl	✓11		.55		2.02	2.57
	Daniel W. Sanner	✓3		2.62		9.53	12.18
	John Saylor	✓17		14.26	.20	52.24	66.70
	George Burrell	✓2		2.13	.02	7.80	10.95
	Mrs. Jno. Greenwood	✓19		2.47	.03	9.04	11.54
			2328.02 [subtotal]				1462.17 [overwritten subtotal]

date	name	district	disbursements	state	interest	County	total
1889	[108 & 109]		2328.02 [subtotal]				1462.17 [overwritten subtotal]
Jan 18	Henry Sewell	✓9		.62		2.28	2.90
" "	Leander D Stull	11	part				48.12

---

[18] Liber SGC1 folio 300. In this time period record books were listed with the clerk's initials and then in numerical order.

[19] a line is drawn from Isaiah Main to proper acct information

1889 List of Taxpayers of Frederick County, Maryland

	name			state	interest	County	total
✓	Solomon Creager	Pen		5.64	.07	20.66	26.37
✓16	Ezra Linebaugh		10	4.18	.05	15.30	19.53
✓2	Henry Wachter			.21		.78	.99
✓16	Peter Martz			.36		1.30	1.66
✓7	Henry Bryan	col.		14.80	.20	54.20	69.20
✓16	David W Summers			1.63	.02	5.98	7.63
✓16	" " & J. T. Summers			1.42	.01	5.20	6.64
✓16	" " & "			.75		2.73	3.49
✓16	John T Summers			.25		.91	1.16
✓16	Henry Hartsock						
✓3	Mary Ann Robertson	Pen	15.-	10.00	.12	36.63	46.75
✓11	Daniel S Kepler			1.24		4.57	5.81
	Parma Lee Feizer	Road Dam	11.25				
✓5	Phoebe Feizer			5.46	.08	20.01	25.55
✓3	Mary A Biggs			7.95		7.15	9.10
✓3	V B Swearingen	Reg	71.00				
	" " "						
✓3	J B Len & V B Swearingen			.55		2.01	2.56
			2435.27 [subtotal]				1740.63 [overwritten subtotal]

date	name		disbursements	state	interest	County	total
1889	[110 & 111]		2435.27 [subtotal]				173-.-- illegible [subtotal]
Jan 18	✓Elizabeth Trout	Penn	10.00				
	Jacob Kessler		Part				4.80
	Corporation water rent CH & Jail		150.00				
✓	Harriet Goodman	Penn	15.00				
✓	Eliza McCubbins	Penn	15.00				
✓	Mary Tyler	"	10.00				
✓3	Martin L Coblentz			15.97	.27	58.47	74.71
			2635.27 [subtotal]				1819.14 [overwritten subtotal]
✓5	James Septre	Pen	20.00				
✓1	Josephine Beall			15.11	.35	55.33	70.79
✓15	William Biddinger			29.68		108.68	138.36
✓1	Alfred Basford		Bal	1.84		6.72	4.17
✓5	Joseph A Myers			4.44	7	16.25	20.76
	Isabella Gas Co					117.00	117.00
✓1	Joseph Richie			1.38	.02	5.03	6.43
✓1	Cyrus D Hargate			1.52	.02	5.57	7.11

1889 List of Taxpayers of Frederick County, Maryland

			district	disbursements	state	interest	County	total
	Agustus Kehne		✓2		1.20	.02	4.39	5.61
	M A E Biser	wit	✓	1.00				
	Jos G Miller		✓2		15.37		56.66	72.03
	"		✓9		3.64		13.31	16.95
	✓ "		✓19		10.18		37.28	47.46
								506.67 [subtotal]
								38.44

date	name		district	disbursements	state	interest	County	total
1889	[112 & 113]							506.67 [subtotal]
Jan 19	Mrs. Michael Diggs				.21		.76	.97
" "	Elizabeth A. C. Lakin	col^d	✓14		4.94	.08	18.11	23.13
" "	✓ "		✓12		1.95	.01	7.15	9.10
	Jacob Hildebrand		✓2		1.22	.01	4.45	5.68
	Geo Henry Hildebrand		✓2		.49		1.79	2.29
	" "		✓17		1.99	.03	7.31	9.33
	✓E A Gittinger	clerk co court	✓	18.00				
	Thomas S Dusing		✓6		.44		1.63	2.07
	Joel A Stitely		✓19		2.76	5	10.13	12.94
	✓Jane A Waskey wife of John M		✓12		1.02	.02	3.74	4.78
	Caroline R Chaney		✓18		2.67	.04	9.98	12.49
	✓Ann Harriet Houck	Pen	✓4	20.00				
	" "		✓4		.26		.94	1.20
	Mary A Cretin		✓5		4.36	6	15.97	19.39
	Henry W Hankey		✓4		.96	.02	3.52	4.50
	Koogle Remsburg & Co.		✓2		4.81	.65	17.63	22.49
	Thos. M Mealy		✓2		.36		1.30	1.66
	✓ "		✓9		.36		1.30	1.66
	Dr. J A Williamson		✓2		12.90	.19	46.53	59.42
	✓Isaac Ford		✓9		1.40	.02	5.14	6.56
				59.[subtotal]				706.33 [subtotal]
								28.910

date	name		district	disbursements	state	interest	County	total
1889	[114 & 115]			59 [subtotal]				706.33 [subtotal]
Jan 19	J. H. Ramsburg of J. S.		✓2		.53		1.95	2.48
" "	✓E Doney Kine		✓7		.62		2.28	2.90
	✓ "	Judge of Elec	✓	6.00				

44

1889 List of Taxpayers of Frederick County, Maryland

	name			district		state	interest	County	total
" "	✓C. A. Lawrence			✓8		22.41	.35	82.05	104.81
" "	Mary Y Abel			✓18		.42		1.53	1.95
" "	" "			✓8		1.96	.03	7.20	9.19
" "	Cha{s} A Lantz			✓18		7.67	.1	28.08	35.85
" "	B. D. Duvall			✓7		.85		3.11	3.96
" "	William Burrell	Pen	Part	17					12.00
	✓David Kanode		10.00	✓					
	C. H. Keller	Miss	6.00						
	Daniel K Saylor			17		9.46	.15	34.62	44.23
	J. T. & W. T. Green			✓20		.19		.73	.92
	Zachariah T. Green			✓20		3.98	.05	14.56	18.59
	Elizabeth Derr	Pen	15.00	✓					
				✓20		.62		2.29	2.91
	Daniel K Saylor		Part	17					13.56
	Zachariah T. Green			✓6		2.32	.03	8.50	10.85
	J. Luther Zimmerman			✓2		1.48	2	5.41	6.91
	✓Noah Putman			✓11		.71	.01	2.60	3.32
									936.53 [overwritten subtotal]
					96. [subtotal]				17.10

date	name			district	disbursements	state	interest	County	total
1889	[116 & 117]				96.00 [subtotal]				936.53 [20][subtotal]
Jan 19	John J. White			✓2		3.67	6	13.46	17.19
" "	John Lambright			✓2		4.23	.06	15.50	19.79
" "	Joshua & O. Crampton			✓14		10.64	.16	38.97	49.77
	Ernest A Fox			✓2		1.02		3.74	4.76
	J. & O Crampton			✓2		.44		1.63	2.07
	E A Gittinger	clerk co cor	100.00	✓7					
	✓John R O'Brien			✓		.66	1	2.43	3.10
	Edward O'Brien	Hawks & owls	2.70						
	✓John B Thomas			14 7		.39		1.45	1.82
	Dudley Moore	col		✓14		.18		.65	.83
	Michael Gary			✓14		1.07	1	3.90	4.98
	Nolson Diehl			✓13		2.92	.04	10.68	13.64
	Snook Bros			✓20		1.60	.02	5.85	7.47

---

[20] Amount erased and overwritten

1889 List of Taxpayers of Frederick County, Maryland

		name		district	disbursements	state	interest	County	total
					198.70 [subtotal]				1061.95 [overwritten subtotal]
		John B Stevens		✓13		3.17	5	11.61	14.83
"	21	John W Henderson		✓2		.87	.01	3.19	4.07
		Hester A Geisbert		✓1			.05	16.20	16.25
		✓John T. Dronenburg		✓9		.88	.01	3.23	4.12
		" "	Jur Inquest			.50			
		✓Jacob Dronenburg		✓7		1.64	.02	6.08	7.74
									47.03 [subtotal]

date	name		district	disbursements	state	interest	County	total
1889	[118 & 119]			58 [subtotal]				47.03 [subtotal]
Jan 21	Ephraim Biddinger		✓9	1.50	.85	.01	3.08	3.94
" "	Benjamin T Maynard	3 Foxes	✓1					
" "	Col. Jno T. Sinn		✓2		16.86	.29	61.72	78.87
" "	H C Wachter		✓13		1.30	.02	4.75	6.07
" "	✓Chas. W. Eagle		✓12		17.73	.27	64.94	82.94
" "	✓John J Null		✓7		4.27	.06	15.65	19.98
" "	Mary Brent		✓3		.84	.01	3.09	3.94
	Henry Dorsey	cold	✓17		.36		1.30	1.66
	Balinda Lookingbill	Pen	✓17	10.00				
	Edward Gartrell		✓18		.69	.01	2.55	3.25
	George Bowman	Penn	✓9	10.00				
	Wm. H. James		✓2		2.97	.04	10.89	13.90
	John H. Clay		✓9		3.24	.05	11.87	15.16
	Wm. H. Smith		✓11		.22		.79	1.01
	James L. Buxton		✓18		3.69	.06	13.52	17.27
	Greenbury Gartrell		✓18		1.99	.03	7.32	9.34
	Simon Peter Prater		20		.66	.01	2.44	3.11
	~~J Marshall Miller~~			22. [subtotal]				307.47 [subtotal]

date	name		district	disbursements	state	interest	County	total
1889	[120 & 121]							total
Jan 22	David Nicodemus		✓17		.64		2.54	2.98
" "	Rev Jesse Shreeve		✓17				6.69	4.65
" "	Wm. Hall		✓14		.32		1.17	1.49
" "	Public Schools		✓1	2000.00				
" "	J Clinton Roberts & Bro		✓1	2.00	.89	.01	3.25	4.15
	J. C. Roberts	Wit						

1889 List of Taxpayers of Frederick County, Maryland

name		district		state	interest	County	total
Tho.s Sims	Penn	√7	10.00	7		.98	1.25
√John Hamilton		√7		.27			10
John J. Staub		√4	Part				
√Samuel A Nussbaum		√8		16.31	.28	60.06	76.65
W.m F Stull		√2		9.56	.15	35.00	44.71
Levi A Humm		√2		5.42	8	19.81	25.31
Asbury Hartsock		√17		5.34	.09	19.52	24.95
√Mary J O'Hara		√9		.49		1.78	2.27
√Mrs. H. J. Danner		√12		.27		.98	1.25
John W. Bussard		√2		.36		1.30	1.66
John Summers of Geo		√6		.96	.02	3.52	4.50
Jonathan Corell		√3		.83	2	3.06	3.91
James H Elliott		√1		1.62	3	5.92	7.57
" " & Ann Elliott		√1		1.38	2	5.06	6.47
			2012.00 [subtotal]				223.77 [subtotal]
							6.81

date	name		district	disbursements	state	interest	County	total
1889	[122 & 123]							223.77 [subtotal]
Jan 22	√W R Murphy		√7		.29		1.06	1.35
" "	√Gideon Bussard		√7		28.25	.47	103.42	132.14
" "	"		√6		.44		1.63	2.07
" "	James L Dutrow		√2		.99	2	3.61	4.62
	Mrs. Catherine Dutrow		√2		.63		2.31	2.94
	J Marshall Miller		√2				35.43	35.43
23								402.32 [subtotal]
	James E Walker		√2		16.51	.25	60.45	77.21
	√Mrs. Elizabeth H Bromwell		√3		3.24	5	11.85	15.14
	John W Wright & wife	Pen	√2	30.00				
	Geo H Stone		√2	Bal	.80		2.91	.21
	W.m. H Shaw		√3		.84	.01	3.09	3.94
	John C Crone		√3		.72	.01	2.63	3.36
	Joseph Brown		√16		17.50	.28	64.05	81.83
	J D Keller	scalp	√	.50				
	√William Pearl		√12		1.05	2	3.85	4.92
	Luther M Zimmerman		√16		1.99	3	7.28	9.30
	√Geo B Warner		√11		.84	2	3.08	3.94
	W.m. J Neighbors		√2		13.86	.17	50.88	45.68

1889 List of Taxpayers of Frederick County, Maryland

	D Columbus Kemp		√2		30.50 [subtotal]	47.64	.88	174.60	223.12
									468.65 [subtotal]
	Woodsboro & Creagerstown Turnpike Co.		"						24.53

date	name [124 & 125]		district	disbursements 30.50 [subtotal]	state	interest	County	total 468.65 [subtotal]
1889								
Jan 23	√Mary Krise		√		.89	4	11.70	11.74
" "	Uriah Warrenfeltz		√4		.36	1	3.25	4.15
" "	Mahlon H Delauter		√10				1.30	1.66
" "	Maggie Warrenfeltz & sister		√15		12.86	.22	47.08	60.16
" "	Catherine Horine	Pen	√6		1.80	4	6.59	8.43
" "	L. C. C. Etchison	coffins	√15	20.00	.27		.98	1.25
" "	John G Etchison		√3	20.00				
" "	Eugene R Etchison		√		1.86		6.78	8.64
" "	Millard F Kump		√14		1.37		5.04	6.41
" "	Emmanuel Renner		√14		2.83	5	10.39	13.27
" "	Milton O Valentine		√11		2.73	4	10.01	12.78
" "	Josiah Renner		√11		6.03	.10	22.09	28.22
" "	Richard Davis		√8		2.84	5	10.40	13.29
" "	Joshua Molesworth		√11		11.37	.18	41.63	53.18
" "	Ann Cornlla Sides	col	√7		.68	1	2.49	3.18
" "	Benj Swann	col	√18		.22		.81	1.03
" "	Catherine Aldridge		√8		.62	.01	2.30	2.93
" "	Evan J Aldridge		√8		3.10	.05	11.35	14.50
			√18		.24		.86	1.10
			√8	70.50 [subtotal]				714.47 [overwritten subtotal]
								37.78

date	name [126 & 127]		district	disbursements 70.50 [subtotal]	state	interest	County	total 714.57 [overwritten subtotal]
1889								
Jan 23	Maurice J Dade		√14		2.70	.04	9.91	12.65
" "	√Reubin Long		√8		5.92	.09	21.68	27.69
" "	√Meshack Baker		√9		.55		2.04	2.59
" "	Thos. Urner		√13		.66	.01	2.45	3.12
" "	John H Wagner		√2		.36		1.30	1.66
" "	John H Wagner	Pen	√7	20.00				
" "	Harrison Feete		√3	90.50 [subtotal]	1.28	2	4.71	6.01

1889 List of Taxpayers of Frederick County, Maryland

date	name		district	disbursements	state	interest	County	total
	Geo Tridapoe		✓3		1.91	3	6.98	8.92
								777.21 [subtotal]
" 24	Levi Hartle		✓6		.34		1.24	1.58
" "	Peter Middlekauff		✓6		.78	2	2.86	3.66
	William Keyser		✓2		.98	2	3.58	4.58
	John T Fraser		✓12		11.29	.20	41.34	52.83
	Geo W "		✓12		.90	.02	3.30	4.22
	✓Samuel Royer		✓10		13.74	.25	50.32	64.31
	W̶m̶ ̶B̶r̶o̶w̶n̶		4		1.23	.02	4.49	5.74
	Geo W Dudderar	Miss	✓9	3.00				
	✓A W O'Brien		✓9	.66	.27		.98	1.25
	" "	Wit						
	Mrs. Mary E Worman Gdn to M Worman		✓2		1.70	3	6.23	7.96
				3.66 [subtotal]				140.39 [subtotal]
								5.43

date	name		district	disbursements	state	interest	County	total
1889	[128 & 129]			3.66 [subtotal]				140.39 [subtotal]
Jan 24	Margaret Bowie	Pen	✓	15.00				
" "	Alonzo Benner	Sheriff	✓	140.80				
" "	✓Charles E Etzler		✓8		1.06	2	3.86	4.94
	William S Smith		✓14		2.80	6	10.28	13.14
	✓Alonzo Benner		✓8		.77		2.82	3.59
	Matthias Colb		✓4		.82	.01	3.01	3.84
	H M Chamberlain		✓15		1.07	.02	3.90	4.99
	✓Betsy Bowie	col	✓7		.39		1.43	1.82
	James O Marker		✓16		1.51	.03	5.49	7.03
	Sarah E Staub	Pen	✓	10.				
	✓Simon Cronise		✓9		7.23	.15	26.49	33.87
	Chas L Diffindal & Bro		✓2		4.97	.10	18.20	23.27
	" "	Clk Elec	✓	6.00				
				175.46 [subtotal]				
" "	Geo W Miller		✓20		29.32	.47	107.35	137.14
" "	Levi Renner		✓20		1.36	2	4.98	6.36
25								380.38 [subtotal] [21]
" "	Isiah Devilbiss		✓19		13.87	.32	50.78	64.97

---

[21] 6651 written vertically along page margin

1889 List of Taxpayers of Frederick County, Maryland

date	name		district	disbursements	state	interest	County	total
" "	Lewis P Engler		✓19		2.13	5	7.80	9.98
" "	C. B Gracey		✓2		5.05	.11	18.49	23.65
" "	Samuel T Hood	wit	✓	3.00				98.60 [subtotal]
								1.22

date	name		district	disbursements	state	interest	County	total
1889	[130 & 131]							
Jan 25	Wesley A Wachter		✓4		.90	2	3.30	4.22
" "	Lemul H Dotterrer	Miss Chairman	✓	3.00 [subtotal]				
" "	Louisa V Stull		✓2	2.50	2.65	.05	9.68	12.38
" "	Gotlieb J Sigmund		✓15		7.75	.16	28.36	36.27
" "	Samuel Weybright		✓15		.53	1	1.16	2.45
" "	James H Wood	Pen	✓	15.00				
" "	Basil T Wood		✓4		.20		.73	.93
" "	Ezra M Smith		✓15		1.87	5	6.83	8.75[22]
" "	Zachariah Dailey		✓2		1.02	.02	3.74	4.78
" "	Jacob M Eyler	[erasure]	✓11		.41	1	1.49	1.91
" "		18 Hawk & 7 owls	✓	8.75				
" "	Michael Hoke	Juror Inquest	✓	.50				
				29.75 [subtotal]				170.29 [subtotal]
Jan 26	✓Elizabeth Blume wife of Nicholas		✓7		2.70	.05	9.88	12.63
" "	Geo W Miller	Pen	✓5		.93	.02	4.40	4.35
" "	Violette F Botler	Reg	✓12	15.00				
" "	David Palmer		✓	76.00				
" "	Jacob H Nail		✓19		3.68		13.48	17.16
" "	Sallie L Ecker		✓19		1.07		3.90	4.97
" "	Chas. Glissan		✓19		1.42		5.20	6.62
				91.00 [subtotal]				45.73 [subtotal]

date	name		district	disbursements	state	interest	County	total
1889	[132 & 133]							45.73 [subtotal]
Jan 26	✓Wm Toms Jr.		✓10		1.00	.02	3.66	4.68
" "	Geo W Myers		✓1		15.97	.36	58.46	74.79
" "	✓Jacob Brown	col	✓7		.18		.65	.83

---

[22] 354 written vertically in margin

1889 List of Taxpayers of Frederick County, Maryland

date	name	district	disbursements	state	interest	County	total
"	Wm S Duttra	√17		5.69	.10	20.83	26.62
"	" " "	√11		1.02	.02	3.73	4.77
"	Jacob D Dinterman	13	part	5.40	.04	19.97	25.52 15.00
"	Chaˢ O Hammond	√15		1.65	.03	6.05	7.73
"	Samuel L Holter	√6		3.92	.06	14.35	18.33
"	Daniel S Grove	√6		.68		2.49	3.17
"	J. Milton Gilbert	√11		1.07		3.90	4.97
"	Edward Cashour	√9		1.44	.02	5.29	6.75
"	A. T. Conley	√9		1.24		4.55	5.79
"	Daniel Wiseman (Heirs)	√3		.53		1.95	2.48
"	Joseph B Fowler	√9		1.24	.02	4.55	5.81
"	Jno. E Phleeger	√6		5.19		19.01	24.20
"	Frank G Burke	√9		1.24	.02	4.55	5.81
"	Christian Falk	√2		1.18	.02	4.30	5.50
"	John Stine Jr.	√2		.44		1.59	2.03
"	Ezra D Cramer	√11		10.82	.22	39.63	50.67
							315.66 [subtotal][23]
"	Dawson F Flook	√16		23.68	.47	86.68	110.83
							426.49 [subtotal]
date	name	district	disbursements	state	interest	County	total
1889	[134 & 135]		91 [subtotal]				426.49 [subtotal]
Jan 26	John Wᵐ Cramer	√11		2.20	.04	8.06	10.30
" "	John H Stouffer	√11		3.95	.07	14.43	18.45
" "	David F Dorcas	√11		5.79	.13	21.85	27.77
" "	Geo C F Myers Fox	√	.50				483.01 [subtotal]
" 28	Sol P Englar	√19		1.69		6.18	7.87
" "	Evan T Snader	√19		.92	.02	3.35	4.29
" "	Ruth Delashmutt	√1		1.80	.04	6.57	8.41
" "	Elizabeth Gaver wife of Jno P	√16		2.49	.04	9.11	11.64
" "	" " "	√6		.19		.70	.89
" "	Ezra J Saylor	√13		1.32		4.84	6.16
" "	Elmer Routzahn wit	√	.33				
" "	Geo N Gilbert	√18		2.89	.06	10.60	13.55

---

[23] below this written 9."8

1889 List of Taxpayers of Frederick County, Maryland

date	name	district		state	interest	County	total
" "	Mrs. Ann Sturdevant	✓	Pen 15.00	1.19		4.34	5.53
" "	W^m H Sturdevant	✓10		2.60	.05	9.49	12.14
" "	Dr. Lewis Lamar	✓6		1.47	.02	5.36	6.85
" "	Mary J Ziegler	✓2		.18		.65	.83
" "	John E Wiles	✓16		5.21	.10	19.08	24.39
" "	Joseph F Robinson	✓1		1.03	.02	3.76	4.81
" "	Fred^k Wiles	✓2		1.58		5.77	7.35
	Gabriel Whitten	✓1					114.91 [subtotal]
				15.83 [subtotal]			6.77
				disbursements 15.83 [subtotal]			
date	name	district		state	interest	County	total
1889	[136 & 137]						114.91 [subtotal]
Jan 28	W^m T A Stouffer	✓11		1.83	.02	6.70	5.66
	Reverdy Browning	✓	Scalps	Bal 1.75			
	Mary E Main wife of M C	✓2		1.06	.02	3.85	4.93
	Justin Buch	✓2		3.08	.03	11.27	14.38
	Amelia Buch	✓2		1.07	.02	3.90	4.99
	W^m M Hardt	✓2		3.83	.02	14.03	12.86[24]
				17.58 [subtotal]			162.53 [subtotal]
" 29	Mrs. Shuff	✓20		.88	.02	3.22	4.12
" "	Daniel Hoover	✓6		2.79	.06	10.21	13.06
" "	John Bidle	✓3		1.10	.02	4.03	5.15
" "	Martin L Younkins	✓3		2.22	.05	8.13	10.40
" "	David Reeder	✓3		.66	.01	2.45	3.12
" "	Henry Williams	✓2		2.40		2.28	4.68
" "	Edward Shriver	✓2		7.10	.11	26.00	33.21
" "	✓Mrs. Ann W Waters	✓11		.54	.01	2.00	2.55
" "	Geo Kline et al	✓	col	40.43			
" "	Thomas Hilleary	✓	wit	24.30			
" "	John T Price	✓	May const	24.15			
" "	Geo Blair et al	✓	Scalps	15.40			
" "	W^m H Parnell	✓2		1.07	.02	3.90	4.99
				104.28 [subtotal]			81.28 [subtotal]
							3.33

---

[24] 144.67 [subtotal] written above 12.86

1889 List of Taxpayers of Frederick County, Maryland

date	name		district	disbursements	state	interest	County	total
1889	[138 & 139]			104.28 [subtotal]				81.28 [subtotal]
Jan 29	W^m H Parnell Jr.	Atny	✓	1.66				
" "	Lycurgus N Phillip	R Dam	✓	13.47				
" "	Richard Davis	Penn	✓9	10.00				
" "	✓Lycurgus N Phillips		✓8				15.45	15.45
" "	✓ " " "		✓11				72.75	72.75
" "	Lowenstein & Wertheimer		✓2		7.10	.16	26.00	33.26
" "	David Lowenstein		✓2		8.31	.19	30.43	38.93
" "	Adam R. Routzahn of Jas.		✓3		.57		2.09	2.60
" "	✓Frank J. Downey		✓8		2.66	.06	9.72̸7	12.44
" "	Isaac T. Davis	Judge of Elec	✓	6.00				6.00
" "	Sarah T. Davis		9	part				14.01
" "	David M. Wolf		✓16		2.99	.07	10.95	14.01
" "	Abraham J Myers		✓17		8.80	.20	32.21	41.21
" "	✓S. M. McLaughlin		✓12		1.39	.03	5.12	6.54
" "	✓Philip Reich		✓9		2.13	.04	7.80	9.97
" "	Thos. A Measell		✓2		1.36	.02	4.99	6.37
" "	Christian Woerner		✓2		10.29	.24	37.68	48.21
				135.41 [subtotal]				389.02 [subtotal]
" 30	Isaac Nusbaum		✓19		38.46	.79	140.82	179.99
" "	Elias Weyant		✓5		1.11	.02	4.06	5.19
								185.18 [subtotal]

date	name		district	disbursements	state	interest	County	total
1889	[140 & 141]							185.18 [subtotal]
Jan 30	Mary C Sponseller		✓5		.89		3.25	4.16
" "	Mary Wallace		✓5		.71		2.60	3.31
" "	Mary Knode		✓5		.44		1.63	2.07
" "	Clayton Myers		✓5		1.30	3	4.75	6.08
" "	Casper Myers		✓5		.80	1	2.93	3.74
" "	Clayton Sealock		✓3		.71	2	2.60	3.33
" "	John Wright	wit	✓	.70				
" "	John L Wilhide		✓15		6.33	15	23.54	29.69
" "	✓ " " "		✓11		3.06	7	11.21	14.34
" "	John H. Chew		✓15		3.53	.08	12.95	16.56
" "	Isaac Rice		✓20		.30	1	1.07	1.38
" "	Jesse Roser		11	part				34.62

1889 List of Taxpayers of Frederick County, Maryland

						state	interest	County	total
	✓11	Nathaniel Wertz				.86	.02	3.16	4.04
	✓8	Rachael E Linthicum				3.08	.07	11.25	14.40
	✓8	Daniel T Riordon				2.55	6	9.30	11.91
	✓6	Henry Kuhn				1.57	4	5.75	7.36
	✓	John Flook	wit	.33					
		James Shoemaker	"	.33					
	✓18	John T. Buxton		1.36 [subtotal]		3.16	.07	11.53	14.76
	✓2	Isaac Bast				1.14	.03	4.16	5.33
									362.26 [subtotal]
									28.78

date	district	name		disbursements		state	interest	County	total
1889		[142 & 143]		136 [subtotal]					362.26
Jan 30	✓4	Wm H Myers				.63		2.31	2.94
"	✓9	✓Albert Boyer & sister			part	8.46	20	30.97	39.63
"	4	Geo W Myers							15.04
"	✓9	✓John L Watkins				4.82	12	17.65	22.59
"	✓4	Wm H Boller				5.37	12	19.66	25.15
"	✓15	Geo W Null				8.08	18	29.59	37.85
"	✓4	Lewis E Boller				.42	1	1.53	1.96
"	✓6	Marcellus Duvall				2.97	.06	10.89	13.92
"	✓5	Chas A Dorsey				15.01	34	54.96	70.31
"	✓5	Mrs. John Dorsey				.73	2	2.66	3.41
"	✓7	✓Wm H Moore				5.51	13	20.20	25.84
"	✓4	Patrick Marple				.49	1	1.79	2.29
"	✓1	John W Stevenson	col			.48	.01	1.72	2.21
"	✓7	✓Carlton Oland				.78	.01	2.81	3.60
"	✓1	Otho J Keller				20.75	.48	75.95	97.18
"	✓1	Albert Grimes	Pen	20					
"	✓3	John W O Ahalt		24.48		6.92	.16	25.34	32.42
"	✓	F A Ordeman	Miss	45.84 [subtotal]					758.60 [subtotal]
									6.57

date	district	name		disbursements		state	interest	County	total
1889		[144 & 145]							
Jan 31	✓19	Wm H Endsor				14.42	.33	52.78	67.53
"	✓19	Abdon Carlisle				12.02	.28	44.04	56.34
"	12	Jordan Crampton & Co.			part				178.01

54

1889 List of Taxpayers of Frederick County, Maryland

date	name		district	disbursements	state	interest	County	total
"	Susan Stup		✓2		1.60		5.85	77.49
"	Sophia Kline		✓2		.30	.04	1.07	1.37
"	Luther Shaff		✓14		2.00		7.34	9.34
"	"	coffin	"	2.50				
"	"	Clk Elec	"	6.00				
"	Clinton O Ramsburg		✓16		.87	2	3.19	4.08
"	✓Mary M Clay		✓9		8.73	.21	31.95	40.99
"	✓Chas K. Culler		✓12		16.28	.37	59.62	76.27
"	Joel Horine		✓14			.45	89.71	90.16
"	Henry Show		✓6		2.71	.06	9.95	12.72
"	Soule J Warrenfeltz		✓6		.77	2	2.83	3.62
	David A Lizer	Foxes	✓	2.00				
	Nancy Cutsail	Pen	✓	10.				
	✓John A Molesworth		✓9		2.85		10.43	13.28
	Elias Cline		✓6		1.81	4	6.61	8.46
	Weldon Clary	Judge of Elec	✓18	6.00				
	" "	Inquest	"	.50				
	" "		"		6.66	.12	24.38	31.16
				27.00 [subtotal]				600.82 [subtotal]

date	name		district	disbursements	state	interest	County	total
1889	[146 & 147]			27.00 [subtotal]				600.82 [subtotal]
Jan 31	✓James M Rice Jr		✓9		2.44	.06	8.92	11.42
" "	✓Luther Welch		✓8		14.73	.39	53.92	69.04
" "	✓Warren G Welch		✓8		33.67	.78	123.29	157.74
" "	J N & Frank W Chiswell		✓1		21.61	.5	79.11	101.22
" "	✓ "		✓7		.36		1.30	1.66
" "	✓Dr. Dawson	Heirs	✓7		.75	2	2.73	3.50
" "	Augustus H. Williar		✓18		10.73	.25	39.31	50.29
" "	" "	Trust	✓18		1.08	.02	3.95	5.05
"	Sarah Lowrey	Pen	✓	10.00				
"	Augustus H Willard		✓19		.07		.25	.32
"	Lewis Lowrey		✓13		.35		1.28	1.63
"	Luther E Harn		✓19		8.21	.19	30.06	38.46
"	✓Geo D Shank		✓11		5.18	.11	18.96	24.25
				37.00 [subtotal]				

1889 List of Taxpayers of Frederick County, Maryland

date	name		district	disbursements	state	interest	County	total
Feb 1	John L Jordan		✓12		16.57		60.66	1065.40 [subtotal][25]
	John L Jordan Jr.		✓12		.63	.27	2.30	77.50
	Catherine Missengle		✓16		.25		.92	2.93
	Jacob Dusing		✓6		1.10	3	4.02	1.17
	Joseph A Britner	Judge Elec	✓	6.00				5.15
	Absalom Stone		✓2		.97	2	3.54	4.53
								91.28 [subtotal]

date	name		district	disbursements	state	interest	County	total
1889	[148 & 149]			6.00 [subtotal]				91.28 [subtotal]
Feb 1	Samuel Betts		✓16		.45	1	1.66	2.12
" "	Wm H Fogle of A		✓17		11.84	.28	43.32	55.44
" "	Samuel Repp		✓17	Bal	25.61		93.78	4.00
" "	C S Repp	Scalps	✓	2.45				
" "	Geo W Stouffer		✓13		15.01	.35	54.96	70.32
" "	Mrs. Clara A Stouffer		✓11		21.10	.49	77.24	38.83
	Horace E Stull		✓20		.73	.01	2.67	3.41
	Joseph C Cromer		✓	29.16	6.18	.14	22.62	28.94
	~~E Joshua Zimmer~~	Fireman at jail	2		this line is blank			
	Amanda Long wife of Albert		✓6		.27	1	.99	1.27
	Mrs. Amelia Wineberg		✓2		7.94	.19	29.09	37.22
	Samuel Wineberg		✓2		2.31	5	8.45	10.81
	Joshua Biggs		✓4		38.78	.90	141.99	181.67
	Wm H Biggs & Bro		✓4		1.42	.03	5.20	6.65
	Joshua Biggs		✓15		.13		.47	.60
	Benjamin Hobbs		✓5		1.21	2	4.41	5.64
	Elijah J Stull		✓20		9.16	.22	42.71	42.93
	Geo W Sheetenhelm		✓13		3.21	8	14.94	15.02
	Samuel D Young of S		✓11		.83	2	3.06	3.91
	✓Mile Burgee		✓7		6.76	.16	24.73	31.65
				37.61 [subtotal]				662.77 [subtotal]

date	name	district	disbursements	state	interest	County	total
1889	[150 & 151]		37.61 [subtotal]				662.77

---

[25] 5542 written vertically on page edge

1889 List of Taxpayers of Frederick County, Maryland

date	name		district		disbursements	state	interest	County	total
Feb 1	√William Downey		√9			49.57	1.05	181.51	232.13
" "	√Mrs. M J Downey		√9			28.05	.65	102.70	131.40
	Benj Stewart & wife	Pen	√	20.00					
	Mary Pennel		√15			.27		.98	1.25
	Mrs. Dorcus Pennel		15	part					8.75
	Mary Butler		√14			.28		1.40	1.32
	Carlton R Horine		√14			2.23	.05	8.17	10.45
	John D Plummer		√1			1.24	.03	4.55	5.82
	Mrs. Daniel H Wachter		√2			.22		.79	1.01
	Cha[s] W Miller of F		√14			1.45		5.32	6.80
	C W & F Clayton Miller		14	part					17.74
	Lewis C Heird		√20			.35		1.27	1.63
	Granville Dutrow		√20			1.33	3	4.88	6.24
	Harriet Barrick		√13			1.60	3	5.85	7.48
						57.61 [subtotal]			1094.79 [subtotal]
" 2	Jesse E Clay et al	scalps	√	2.45					
	√Ed D Danner et al	"	√	14.00					
	√Raymond Danner et al	"	√	14.70					
	Hamilton Lindsey		√19			3.30		12.06	15.36
	√Sarah Lindsey		√8			1.67		6.11	7.78
	√Willard Nicodemus et al	scalps	√	4.20					23.14 [subtotal]
					35.35 [subtotal]				

date	name		district		disbursements	state	interest	County	total
1889	[152 & 153]				35.35 [subtotal]				23.14 [subtotal]
Feb 2	√Charles E Trump	scalps	√		35				
" "	√Dennis White	"	√		70				
" "	Sarah R McComas		√9			12.35	.30	45.23	57.88
" "	DeWitt Haines		√17			33.56	.83	122.89	157.28
" "	Catharine Haines		√17			8.88	.20	32.50	41.58
" "	Margaret Bagget		√17			1.89	.03	6.89	8.78
" "	Ernest L Miss		√2			2.37	6	8.65	11.08
	John J Keller		√14			.69		2.53	3.22
	√ " "		√	3.00					
	W S Pettinggall		√13			.53	1	1.95	2.49
	Cha[s] S Mort		√20			.53	.01	1.95	2.49
	Greenbury J R House		√3			21.68	5	79.37	101.55
	" " "		√12			19.27	5	70.55	90.32

1889 List of Taxpayers of Frederick County, Maryland

name		district		state	interest	County	total
Grove R House	Judge of Elec	✓3		1.32		4.86	6.18
" "		✓20		.80	2	2.93	3.75
Mrs. Rosanna Rice		✓11		21.83	.5	79.99	102.32
Samuel Putman	Road damages	✓11	19.25				
✓ "	col	✓9	64.65 [subtotal]				
Milton Simpson		✓9		.36		1.31	1.67
Patrick McCarty		✓12		.89	.02	3.25	4.16
							616.92 [subtotal]
							35.69

date 1889	name [154 & 155]		district	disbursements 64.65 [subtotal]	state	interest	County	total 616.92 [subtotal]
Feb 2	Samuel A Eury		✓19		11.93	.28	43.68	55.89
" "	✓Dr. Thos. W Simpson		✓8		8.60	.15	31.50	40.25
" "	Junise Smith	Pen	✓9	10.				
" "	Geo W Cookerly		✓9		.59	.01	2.15	2.75
" "	Thos. E Easterday		✓14		1.81	.04	6.60	8.45
" "	F G House		✓12		.88	.02	3.23	4.13
" "	Samuel H Utz		✓9		1.80	.04	6.58	8.42
" "	Lucinda M " wife of S H		✓9		.44	.01	1.63	2.08
" "	A S Vansant	clerk of elec	✓	6.00				
" "	" "	Inquest	✓	.50				
	John McDevit		✓2		7.73	.19	28.46	36.38
	Mrs. Airey McDevitt		✓2		3.98	.10	14.55	18.63
	Eli R Wolf		✓2		1.14	3	4.35	5.52
	Phillip H Burke		✓2		.81	2	2.96	3.79
	✓Chas R Fisher		✓8		.21		.79	1.00
	Jonas Urner		✓18		.22		that 80	1.02
	Isaac R Hedges		✓2		.62	1	2.28	2.91
	Boyer & Duprey		✓9		1.42	4	5.20	6.66
	Wm J Worman		✓2		37.81	.77	141.30	179.88 [subtotal]
		misc	✓	6.00				994.68 [subtotal]
	✓Sophia Heard	Room rent	✓	4.00				28.87
				91.15 [subtotal]				

date 1889	name [156 & 157]		district	disbursements	state	interest	County	total
Feb 4	Henry W Summers & Bro		✓16	Bal	8.72		31.92	18.64

1889 List of Taxpayers of Frederick County, Maryland

			Juror Inquest					
" "		W H Runkles		✓		1.38	3	5.06	6.47
" "		Geo W Webster		✓2	50.00	1.95	5	7.15	9.15
" "		Mrs. Anna F Dull		✓2		.53	.01	1.95	2.49
" "		Elijah C Endsor		✓18		16.81	.41	61.52	78.74
" "		" "		✓19		7.73	.19	20.32	36.24
		Luke C Endsor		✓19		.42	.01	1.51	1.94
		Geo Jones	col'd	✓7		.39	.01	1.43	1.83
		✓Sarah Pettryman		✓7		1.35	3	4.94	6.32
		✓Ann M Stitely		✓8					
		Green J R House	26	12		1.42	4	5.20	6.66
		✓Capt. Alfred Schley		✓8	10.00	3.46	8	12.68	16.22
		Peter Brookey		✓2		5.20	.13	19.03	24.36
		C. A. Kehne		✓2		1.37	3	5.04	6.44
		Wm Renner		✓6					
		✓Milton Carter	Road ex	✓8	6.00	20.23	.40	74.07	94.70
		" "		✓					
		Ruth Smith	Penn	2	12.00				11.25
		John Roelkey		✓10	Part	7.45	.17	27.26	34.88
		Simon W Harbaugh		✓15		.68	.02	2.51	3.21
		Jago Colliflower			18.50 [subtotal]				359.54 [subtotal]
									8.87

date	name		district	disbursements	state	interest	County	total
1889	[158 & 159]			18.50 [subtotal]				359.54 [subtotal]
Feb 4	Mrs. M E Peters		✓17		5.67	.13	20.77	26.57
" "	Baltzer Fox		✓17		4.23	.10	15.60	19.95
" "	✓Robert Ricketts		✓7		.33	1	1.22	1.56
" "	John G Schell		✓9		1.32	.03	4.86	6.21
" "	William F Flook		3		10.92	.28	39.98	51.18
" "	Elizabeth S Flook		✓3		.22		.78	1.00
" "	Martin G Brandenburg		✓16		1.59		5.82	7.41
" "	Edmond P Feaga		✓2		.44		1.60	2.04
" "	✓Rebbecca Linton	Pen	✓14	15.00				
" "	Trustees Sons of Temperance				.89	.02	3.25	4.16

---

26 Feb 2" No. 12 Error in Bill money refund

1889 List of Taxpayers of Frederick County, Maryland

date	name	district	disbursements	state	interest	County	total
" "	Samuel Hoke Jr.	✓13		38.91	.95	141.75	181.41[27]
" "	Mrs. Hamilton B Wiles	✓16		.71	.01	2.60	3.32
" "	✓Elizabeth Platt	[28]col					664.35 [subtotal]
							177.15 [pencil][29]
			10.				541.53 [pencil]
			43.50 [subtotal]				
	Mrs. Leanna Wolf	✓17		3.59	8	13.15	16.82
	Mrs. Ann E Wolf	✓17		3.41	8	12.51	16.00
	N A Engler	✓17		2.02	5	7.41	9.48
	John D Engler	✓17		2.26	5	8.27	10.58
	Nathan Engler	✓17		26.52	.69	97.09	124.30
							841.53 [subtotal]
	David Q Toms	✓10		1.14	3	4.16	13.22
							5.33
date	name	district	disbursements	state	interest	County	total
1889	[160 & 161]						5.33 [subtotal]
Feb 5	Adam Tresler	✓5	col	2.42	7	8.87	11.37
	Susan Jones	✓14		.28		1.04	1.32
	Louisa M Trundle	✓2		.62	1	2.28	2.91
	Benj Smith	✓	Road Damages 43.97				
	Mrs. Dorcus Pennel	✓15	Bal	3.14	.08	11.48	5.95
	Jacob Damuth	✓15		1.80	.02	6.59	8.41
	Charles G Davis	✓9	Bal	3.87	3	14.10	3.00
	Benjamin Shank	✓10		.20		.71	.91
	Joseph & Tobias Shank	✓10		.28		1.04	1.32
	M A Woodward	2	Part				1.00
	Mrs. Elizabeth A Starr	✓8		1.11	.03	4.06	5.20
	John W Knopff	✓15	Bal	1.82	3	6.63	4.48
	Sarah A Petticord	✓5		3.13		11.44	14.57
	" "	✓15		2.97		10.87	13.84
	Geo L Cramer	✓2		.98	.02	3.59	4.59

[27] 4452 written on edge of page vertically

[28] per order to E A G for M Zedricks pen

[29] No information given to account why these two amounts show here.

1889 List of Taxpayers of Frederick County, Maryland

name		district	disbursements	state	interest	County	total
Rosanna A Snyder		✓18		1.02		3.72	4.76
Daniel Burrier		✓13		24.67	.02	91.29	115.96
Wm H Scholl		11	Part				25.00
Samuel Burall		✓9		11.65	.31	42.64	54.60
Charles M Elliott		✓1		1.15	4	4.23	5.42
			43.93 [subtotal]				289.94 [subtotal]
							17.96

		date 1889					
name [162 & 163]			disbursements	state	interest	County	total
Chas E Doll	Miss	Feb 5 ✓	43.93 [subtotal]				289.94 [subtotal]
Wm L Buhrman		✓10	144.00	1.83	6	6.68	8.57
Milton Carter		✓18		.37		1.37	1.74
" "	Judge of Elec	✓	12.00				
" "	Treas P Sch	✓	6808.66			300.25 [subtotal]	
Glenn H Worthington		6	7008.59 [subtotal]				
Wm H Cromwell		✓13		.95		3.48	4.43
" "	coffin act	✓	10.00				
Joshua Danner		✓12		.48	.01	1.73	2.22
Samuel Snyder	Inquest Juror	✓	50				
Solomon Shroyer		✓2		.54	2	2.00	2.56
Thomas E Dixon		✓7		.63		2.30	2.92
Peter Mantz Heirs		✓2		4.45	.13	16.29	20.87
Hannah M Birely		✓11		.44	1	1.63	2.08
Catherine Elliott		✓2		.62	1	2.28	2.91
Mrs. John Lippy		✓11		.89	3	3.27	4.19
" "	Scalps	✓8	5.85	.53	1	1.95	2.49
Wm Burgess	Keeper Court House	✓	33.33				73.52
Lewis P Ramsburg		✓20		15.68	.43	57.41	118.19 [subtotal]
			49.68 [subtotal]				2.54

	date 1889					
name [164 & 165]		disbursements	state	interest	County	total
Christian H Eckstine	Feb 6 ✓2	49.68 [subtotal]	3.96	.06	14.48	118.19 [subtotal] 16.50
Elizabeth Green	✓10	Bal	.25		.91	1.16
Mrs. Mary A C Copeland	✓1		6.56	.17	23.98	30.71

1889 List of Taxpayers of Frederick County, Maryland

Henry Baumgartner		✓2		4.12	15.11	19.34
E A Gittinger	Clerk of Elec	✓	107.00			185.90 [subtotal]
			156.68 [subtotal]			
Charles S Houghton		✓1		1.78	6.50 5	8.33
Charles E Houghton		✓1		.80	2.93 2	3.75
David McAfee & Bro		✓10		.64	2.34 .02	3.00
" 7 Catherine Hartzog	Pen	✓	10.00			
Amos Iler		✓17		.93	3.38 .01	4.32
Augusta Smith	Pen	✓	15.00			
Rachael Fox	Paid Jan 2[30]	✓8		.41	1.50	1.91[circled]
Samuel E Pettengall		✓13		1.19	4.34 .03	5.56
Randolph J Barrick		✓11		1.17	4.26 .03	5.46
James A. Hays	col	✓8		.34	1.24	1.58
Ephraim Stouffer		✓19		.53	1.95	2.48
Geo Wagner	6 Hawk	✓	.35			
Luther J Kepler		✓3		6.93	25.38 .19	32.50
Dr. A O Shipley paid Feb 2 1889		9		.27	.98	1.25
			25.35 [subtotal]			66.98 [subtotal]
						3.33

date	name	district	disbursements	state	interest	County	total
1889	[166 & 167]						
Feby 8	James W Condon	✓18	6.00	1.34		4.93	6.27
" "	"	✓	.50				
" "	"	✓	1.00				
" "	John H Fout	✓					
" "	Carlton M Younkins	✓3		2.87	.07	10.53	13.47
" "	John Younkins	✓3		.48	.01	1.74	2.23
" "	Lewis S Ramsburg	✓2		5.99	.17	21.92	28.08
" "	Jacob H Ashbaugh	✓11		2.12	4	7.79	9.95
" "	Aquilla Ashbaugh	✓17		.93	2	3.38	4.33
" "	John Parker	col[d] ✓14		.20		.72	.92
" "	Martin J Eichelberger	✓4		2.22	.05	8.13	10.40
" "	"	✓5		1.69	.04	6.19	7.92
" "	Ann M Tyler	✓2	c of e / juror inq / 2 Fox Scalps	2.67	5	3.28	6.00

---

[30] admitted on this book

1889 List of Taxpayers of Frederick County, Maryland

name			disbursements	state	interest	County	total
Geo M Tyler	√2			4.05		14.57 [smeared]	15.72
Geo W Layman	√15			5.83		21.35	27.18
" "	√4			5.77		21.12	26.89
D^r. Greenbury Sappington	√18			.63		2.26	22.91
Tam R & Chas. B Sappington	√19		Bal	13.40		49.08	39.97
Geo H Cromer	√11			2.60	.10	9.51	12.19
			7.50 [subtotal]				214.43 [subtotal]
							8.87

date	name			disbursements	state	interest	County	total
1889	[168 & 169]			7.50 [subtotal]				214.43 [subtotal]
Feb 8	N C Stansbury	√5	Gdn		2.32	6	8.50	10.88
	" "	√5	Pen		1.55	3	5.69	7.27
	Catherine Bowers	√9			.72		2.63	3.35
	Francis Hamilton	√9		10.00	7.98	.22	29.22	37.42
	Mortimer P Trayer	√9			3.24		11.83	15.16
	Annie Trayer	√5			6.42	9	23.51	29.93
	Nickolas Stansbury Sr.	√	Scalps	1.75				
	Aaron Coleman	√		1.20				
	Jeffrey Sid McAfee	√5			.27		.98	1.25[31]
	Jay Singleton Sheely	√1			9.54	.27	34.96	44.77
	Elizabeth Beall	√17		20.45 [subtotal]	6.92	.18	25.35	32.45
	Samuel Cramer	√		10.00				396.91 [subtotal]
	Charlotte Tyler		Pen	30.00 [subtotal]				
" 9	Michael Specht	√1			2.60	.05	9.50	12.15
	C F Michael		coffin act	2.50				
	H C Keefer Trea Montevue Hospital			1000.00				
	John B Hargate	√9			2.40	.06	8.78	11.24
	Robert S Duphorn	√10			.88	.02	3.25	4.15
	John Stem	√10			2.27		8.31	10.58
	" "	√	Room rent	2.00				38.12 [subtotal]
				1004.50 [subtotal]				.12

---

[31] 544 written vertically along edge of page

1889 List of Taxpayers of Frederick County, Maryland

date 1889	name [170 & 171]	district	disbursements	state	interest	County	total
			1004.50 [subtotal]				38.12 [subtotal]
Feb 9	William Long	✓20		6.10	.16	22.33	28.59
" "	Augustus Mehrling	2	part				1.00
" "	Cornelius J Poole	✓9		8.85	.24	32.39	41.48
" "	" "	✓18		2.13	.05	7.81	9.99
" "	John Landers	✓15		2.73	.07	10.02	12.82
" "	U S Grant Freshour	✓20		4.97	.12	18.20	23.29
" "	Mrs. Sarah C Todd wife of Wm H	✓20		1.90	.04	6.96	8.90
" "	Mrs. Greenbury Chambers et al.	✓9		.19		.68	.87
" "	~~Thomas Geesey~~	20		~~1.24~~	~~.04~~	~~4.55~~	~~5.83~~
" "	John T Geesey	✓20		11.67	.36	42.73	54.76
" "	John " "	✓2		.27		.96	1.23
" "	Tilghman F Gaver	✓3		3.91		14.30	18.33
" "	Annie E Duphorn	✓5		.71	.12	2.60	3.33
" "	Mary H "	✓5		1.38	.02	5.07	6.48
" "	Isaac P Stitely	✓17		18.50	.03	67.74	86.74
" "	Laura V Geiselman & I P Stitely	✓11		.27	.54	.98	1.25
" "	Lydia Riddleman Pen	✓1	15.00				
" "	Wm Brown col	✓1		.62	.02	2.28	2.92
" "	Mrs. E Zimmerman Pen	✓1	15.00				
" "	F T Mercer	✓2		.82		3.02	3.84
			1034.50 [subtotal]				343.94 [subtotal]
							8.98

date 1889	name [172 & 173]	district	disbursements	state	interest	County	total
							343.94 [subtotal]
Feb 9	Mrs. Isamiah Ohler	✓5		1.63	.04	5.95	7.62
" "	Harvey H Ray	✓3		.35	.01	1.26	1.62
" "	Fanny Dorsey cold	✓19		.36	.01	1.30	1.67
" "	John H Peters	✓7		.48		1.77	2.25
" "	John Lewis Lutz	✓3	Bal	5.33	.04	19.51	8.32
" "	Daniel E Kefauver	✓3		41.63	1.29	152.39	195.30
" "	" "	✓2		.83		3.06	3.89
			1034.50 [subtotal]				564.61 [subtotal]
" 11	B P Crampton	✓12		2.98	.08	10.93	13.99
" "	John P Haller	✓16		.77	.02	2.80	3.59
" "	J Luther Kepler Inquest		.50				

1889 List of Taxpayers of Frederick County, Maryland

date	name	col'd					
" "	Isaac Hood		√2 ↗			.65	.83
" "	Wm H Garber		√19 ↗		.24	20.73	26.63
" "	Henry Working		11	part	.97	3.54	1.00
" "	Jonathan Plane		√18 ↗		.03		4.54
" "	T H Eckenrode & Jas. C Gault		√5 ↗		.14	15.78	20.23
" "	Joshua Conts		√5		.85	3.12	3.99
" "	J K P Wolfe		√5	5.66	.02		
" "	Charles Dorcus		√11	3.84	.11	14.05	18.00
				.27		.98	1.25
				.50 [subtotal]			94.05 [subtotal]
							3.54

date	name	district	disbursements	state	interest	County	total
1889	[174 & 175]						
Feb 11	Margaret M Fraley wife of F M	1	part	10.84	.35	39.70	50.89
" 12	F W Burrier	√19		1.78	.05	6.50	8.33
" "	Rev Wm T Dunn	√17	48.00				
" "	B F Fitzhugh Judge of Orphn Court	√		.27		.98	1.25
" "	Nelson Monroe	√12		5.98	.19	21.90	28.07
" "	Lawson H Summers	√20		1.66	.04	6.05	7.75
" "	Harlin H Summers	√20		.36		1.30	1.66
" "	David Crum of A	√13		1.17	.03	4.29	5.49
" "	Matilda Groshon	√4		7.70	.25	28.19	36.14
" "	Adam Boyer	√9		.76	.02	2.73	3.51
" "	" " Heirs	√9		.33		1.20	1.53
" "	Henry H Boyer	√9		12.42	.39	45.45	58.26
" "	Daniel V Harp	√16		15.99	.52	58.53	75.04
" "	Christian H Garber	√17		.27		.98	1.25
" "	Ursula Brengle	√7		2.61	.08	9.56	12.25
" "	Caroline S Leather	√2		3.02	.09	11.07	14.18
" "	Geo Silas Harp	√16		.96		3.49	4.45
" "	Cornelius D Remsburg	√11					
" "	" " Ret Judge	√	12.00				2.40
" "	Franklin Burdett	√7		.52	.01	1.87	313.95 [subtotal]
			60 [subtotal]				7.68

1889 List of Taxpayers of Frederick County, Maryland

date	name		district	disbursements	state	interest	County	total
1889	[176 & 177]			60.00 [subtotal]				313.95 [subtotal]
Feb 12	Joseph O Rice		✓20		.44	.01	1.58	2.03
	Drucilla Howard	Penn	✓7	10.00				15.05
	Peter Roelkey		✓12		3.21	.12	11.72	
	Geo Koogle	Judge of Or Court	✓	268.00				1.25
	Mrs. Mary J Koogle wife of Geo		✓2		.27		.98	
	Joseph O'Brien	Pen	✓2	10-				7.90[32]
	Jacob F Schmidt		✓2		1.69	.04	6.17	6.51
	F T Main		✓14		1.39	.03	5.09	
				348.00 [subtotal]				346.69 [subtotal]
" 13	Charles Vantz		✓5		1.73	.08	6.34	8.15
" "	Timothy Sheehan		✓5		.57	.04	2.11	2.72
" "	Geo L Gillilan		✓5		6.45		23.62	30.07
" "	Ida S Gilsan		✓5		.57		2.10	2.67
" "	Henrietta Offutt		✓5		2.59	.08	9.49	12.16
" "	J Henry Gelwicks		✓5		.27		.98	1.25
" "	Mathias Gelwicks		✓5		1.15		4.21	5.36
" "	Western Union Telegraph Co.		✓2		2.66	6	9.75	12.47
" "	Edward Koontz		✓2		13.03	.45	47.01	61.19
" "	Adele & Rebecca Koontz		✓2		1.42	5	5.20	6.67
" "	Isabell Butts		✓2		1.42	5	5.20	6.67
								149.38 [subtotal]
								3.46

date	name		district	disbursements	state	interest	County	total
1889	[178 & 179]							149.38 [subtotal]
Feb 13	Mrs. Tollinger	Pen	✓16	10.00	.52	2	1.89	2.43
" "	Henry L Main		✓15		1.33	.03	4.88	6.24
" "	Simeon Halley		✓15		.55	.01	2.02	2.58
" "	Simon P Roddy		✓11		.83	.02	3.04	3.89
" "	Jeremiah Iler of Peter		✓17		.53	.01	1.95	2.49
" "	Mrs. Marion Grimes		✓12		.39	1	1.40	1.80
" "	Joshua Engler		✓17		19.69	.64	72.10	92.43

---

[32] 122 written vertically alongside of page

1889 List of Taxpayers of Frederick County, Maryland

name		district		state	interest	County	total
Sanford Harbaugh		√10		7.14		26.14	33.53
Mrs. Mary J McLane		√5		.27	.25	.98	1.25
Mollie Nichols	Room rent		4.00				4.00
Rev Jas. K Nichols		√17	Bal	4.58		16.78	59.28
Wm H Hood		√18		12.62	.44	46.22	1.25 .84
Charles Etchison		√18		.18		.66	3.33
Wm L Etchison		√18		.71	2	2.60	5.00
Mrs. Frances Mullinix		√18		1.07	3	3.90	10.74
W^m O Hoffman		√17		2.29	.07	8.38	1.66
Jeremiah C Cramer		√2		.36		1.30	22.82
Henry A Plymier		√19		4.86	.15	17.81	3.33
Andrus Powell Bostian		√19		.71	2	2.60	407.02 [subtotal]
			14.00 [subtotal]				36.88

date	name	district	disbursements	state	interest	County	total
1889	[180 & 181]		14 [subtotal]				407.02 [subtotal]
Feb 13	B F Fitzhugh [33] Judge of O C	√	155.00				
" "	John S Lakin	√14		13.92	.45	50.96	65.33
" "	" " C E H D & Charlotte B Lakin	√14		57.70	1.88	211.28	270.86
" "	Franklin Savings Bank	√14		3.55		13.00	16.55
" "	John H Tabler	√7		6.45		23.60	13.16
" "	Edward A Brunner	√2		1.05	.11	3.83	4.90
" "	Milton Ruby	√11	169.00 [subtotal]	17.35	.02	63.54	81.45[34]
" "	"	√15		.57	.56	2.08	2.66
" "	Samuel Ruby	11	part		.01		10.37
" "	B F Fitzhugh	√	25.00 194 [subtotal][35]				
" "	John H Tabler Ret Judge	√	12.00				889.70 [subtotal]
14			206 [subtotal]				
" "	Basil T Nelson	√8		.57	2	2.11	2.70
" "	Sarah R Sponseller wife of Geo. F	√9		.22		.81	1.03

Judge of O Court (B F Fitzhugh)

---

[33] certy to Franklin S Bank

[34] started to write subtotal on this line but erased it

[35] Subtotal written between lines.

1889 List of Taxpayers of Frederick County, Maryland

date	name		district	disbursements	state	interest	County	total
" "	Albert Brown	Fox	✓13		2.92		10.69	13.70
" "	Nicholas Boogher		✓9	.50	.37		1.33	1.70
" "	Henry Bowey	col	✓15		.39		1.42	1.81
" "	Sarah J Devilbiss		✓13		3.71	.09	13.56	17.38
" "	George Dinterman		✓	.70		.11		38.32 [subtotal]
" "	Reverdy Browning	Scalp		1.20 [subtotal]				

date	name		district	disbursements	state	interest	County	total
1889	[182 & 183]							38.32 [subtotal]
Feb 14	John A Saxton		✓11		17.18	.60	62.92	80.70
" "	Jacob A Staub		✓4		.53	2.00	1.95	2.50
" "	Geo B Shope Heirs		✓2		2.78	.10	10.17	13.05
" "	Margaret Shaeffer wife of Hanson		✓3		15.69	.54	57.45	73.68
" "	Henry C Brown		2	part				100
				1.20 [subtotal]				308.25 [subtotal]
" 15	Mrs. Margaret E Shreeve	Danl T Agt	✓7		.21		.75	.96
" "	Geo. W Shank	May	✓	7.50				
" "	Geo W Shank		✓11		3.31		12.11	15.42
" "		Judge of O Court		396.00				
" "	John W Payne		✓2		2.31	.10	8.45	10.86
" "			✓15		12.03	.56	44.02	56.61
" "	Dr. E L Beckley	Phy Inquest	✓1	5.00				
" "	Frank Simmons & Bro		✓1		1.95	.07	7.15	9.17
" "	" & Dr. A F McMasters		✓1		.89	.03	3.25	4.17
" "	John D Hendrickson		✓2		11.00	.38	40.30	51.68
" "	Wm A Waltman		✓20		1.52	5.00	5.56	7.13
" "	Frederick Leatherman		✓6		1.07	3.00	3.90	5.00
" "	Marshall E Shafer		✓20		1.33	.04	4.88	6.25
" "	Wm Palmer of S		✓16		1.58	5.00	5.79	7.42
				408.50 [subtotal]				174.68 [subtotal]
								5.44

date	name		district	disbursements	state	interest	County	total
1889	[184 & 185]			408.50 [subtotal]				174.68 [subtotal]
Feb 15	Mahala Brown		✓16		.53	.01	1.95	2.49
" "	Geo H Blessing & Wife	Pen	✓	30.00				

68

1889 List of Taxpayers of Frederick County, Maryland

date	name	district	disbursements	state	interest	County	total
" "	Geo W Myers	√11	Bal	9.59		35.10	11.69
" "	Geo. F Tabler	√7		1.99	7	7.28	9.34[36]
" "	Mrs. C Strailman	√2		1.33	3	4.88	6.24
" "	John S Shields	√5	Bal	.89		3.25	.74
			438.50 [subtotal]				205.17 [subtotal]
" 16	Albert Jones	√13		.32	.01	1.17	1.50
" "	" "	√18		6.33	.22	23.19	29.74
" "	" "	√9		10.09	.36	36.96	47.41
" "	John Hobbs	√5		10.00	.24	36.62	46.86
" "	Chas Gray	√1		3.86	.16	14.11	18.13
" "	John P Weddle	√15		2.07	5	7.57	9.69
" "	Vernon Davis	√7		4.80	.11	17.57	22.48
" "	John C Selsam	√4		2.76	.07	10.08	12.91
" "	Wm H Dertzbaugh	√2		.18		.65	.83
" "	John J Sponseller	√2		2.89	7	10.60	13.56
" "	Charles W Koogle	√3		1.66	8	6.08	7.82
" "	John Geo. Lambert	√2		3.56	.09	1303.00	16.68
	Harry M Schaff	√	Scalps 2.45				227.61 [subtotal] 6.75

date	name	district	disbursements	state	interest	County	total
1889	[186 & 187]		2.45 [subtotal]				227.61 [subtotal]
Feb 16	John D Stem	√17		.53	2	1.95	2.50
" "	Michael Zimmerman	4	part	2.17	.07	7.96	22.10
" "	Salina Frazier	√2		2.04	6	7.48	10.20
" "	Wm F Cover	√11		.53		1.95	9.58
" "	Fleet R Neighbors	√2	Miss				2.48
" "	Margaret S Brish	√2		5.26	.16	19.24	24.66
" "	John Geo. Lambert	√	47.25				8.00
" "	Mary A R Lambert	2	part				307.13 [subtotal]
			49.70 [subtotal]				
18	Basil Cashour	√18		.32		1.17	1.49
" "	John Miller	√2		.75	.02	2.77	3.54
" "	John Welker	√17		.87		3.19	4.06
" "	Wm H Hilleary	12	part				10.00

[36] 332 written vertically along border

1889 List of Taxpayers of Frederick County, Maryland

date	name		district	disbursements	state	interest	County	total
" "	Hezekiah Young		2					1.60
" "	Wm H Ways		√2		12.49	.44	45.70	58.63
" "	Wm H Ways Jr.		√2		3.06	.18	11.21	14.45
" "	Sophia Harper	Pen	√	10.00				149.03
" "	Henry C Brown		√	Bal	31.80	.79	116.44	149.03
" "	Henry P Nusbaum		√18		6.96	.26	25.48	32.70
" "	Delaware Tribe IORM		√12		1.07	6	3.90	5.03
" "	Josephine Whiten	Pen	√	5.00				180.53 [subtotal]
				15.00 [subtotal]				

date	name		district	disbursements	state	interest	County	total
1889	[188 & 189]							
Feb 19	Jacob M Haupt		√3		2.49	9	11.59	11.68
" "	John F Zellers		√16		5.50	.19	20.15	25.84
" "	Jas. E Crummit		√9		2.68	.10	9.83	12.61
" "	Henry B Wilson		9	part				1.29
" "	Wm P Sellman Heirs		√8		.35	1	1.29	1.65
" "	Daniel Ecker		√7		.89	.03	3.25	4.17
" "	Hannah M Bear		√18		.57	.02	2.11	2.70
" "	James W Legore		√18		.53	.02	1.95	2.50
" "	Ezra Routzahn		√11		17.29 15.13	63 .60	65.14 55.39	83.56 71.12
" "	Jacob Pittinger		√16		14.24	.55	52.13	66.92
" "	Geo E Baer		√8		1.62	7	5.93	7.62
" "	John H Cramer		√19		.85	4	3.11	4.00
" "	Julia E Gaither		√13		18.03	.70	66.04	84.77
" "	Henry C Gaither		√19		17.67	.68	64.70	83.05
" "	Nickolas Metz		√18		.44	.01	1.63	2.08
" "	A P Beatty		√17		1.52	6	5.56	7.14
" "	Joseph W Clay		√15		.89	3	3.25	4.17
" "	Susanna MorningStar	Scalps	√17	1.40				
" "	Mary J Keller		√9		.96	.03	3.49	4.48
					.18		.65	.83
				1.40 [subtotal]				398.62 [subtotal]
								6.88

date	name		district	disbursements	state	interest	County	total
1889	[190 & 191]							398.62 [subtotal]
Feb 19	Josiah Hoffman		√16		1.19	.04	4.32	5.55

1889 List of Taxpayers of Frederick County, Maryland

date	name		district	disbursements	state	interest	County	total
	[192 & 193]							281.68 [subtotal]
1889								
Feb 20	Charles Hammond		√17		19.00	1	.70	.90
" "	Jacob Horning		√18		1.47	5	5.38	6.90
" "	John Snyder		√17		4.12	.15	15.10	19.37
" "	" "		√11		6.25	.24	22.88	29.37
" "	Harry C Runkles		√18		2.59	$.10	9.48	12.17
" "	Samuel Rice		√20		4.29	.16	15.72	20.17
" "	H C Runkles	Juror	√	.50				
" "	Robert & Margᵗ Butler		√14	Bal	14.66		53.66	5.92
" "	Myron E Smith		√3		.27		.98	1.25
" "	Wm Zumbrum		√19		11.42	.44	41.83	53.69
" "	Jeremiah Greenwood		√19		1.78	.06	6.50	8.34
" "	W W Boone		√19		12.19	.47	44.64	57.30
" "	Mary E Boone		√19		.36		1.30	1.66
" "	Charles Mathews	col	√8		.76	.02	2.77	3.55

	name		district			interest		total
" "	Jos Hoffman & Kenna		√16		.28		1.04	1.32
" "	Richard Browning		√9		4.69	.18	17.17	22.04
" "	Edgar L Shriver	Juror	√	.50				
" "	Grafton Craven		√20		.36		1.30	1.66
" "	Chaˢ W Dudderar	Scalps	√	1.50				
" "	Hezekiah Fox		√5		31.00		1.13	1.44
" "	Elias F Valentine		√4		1.49	.05	5.46	7.00
" "	Edward Keller	Room rent	√	4.00				
" "	John D Sponseller		√14		1.34	.05	4.91	6.30
" "	John H Sulser		√12		.36	.01	1.30	1.67
" "	Daniel C Derr		√3		1.37	.05	5.40	6.46
				7.40 [subtotal]				452.06 [subtotal]
" "	E C Buckey		√17		.57	.02	2.09	2.68
" "	Nicholas H Clemson		17	part				60
" "	Samuel Ruby		√11	Bal	23.64	.77	86.56	100.60
" "	Wm F Crist		√1		16.66	.64	61.01	78.31
20								
" "	George Hood		√18		7.53	.29	27.54	35.36
" "	Wm Mc Gorsuch		√19		1.01	4	3.68	4.73
								281.68 [subtotal]
								2.21

1889 List of Taxpayers of Frederick County, Maryland

date	name	district	disbursements	state	interest	County	total
"	John David Crum	✓13		.26	1	.94	1.21
"	Adam Garber Jr.	✓8		1.13	.04	4.13	5.30
"	Oscar A Willlard	✓7	part				2.00
"	Mrs. Mary Ewing	✓12		.71	.02	2.60	3.33
"	John N Haines	✓7		.61	.01	2.23	2.85
"	" "	✓	.50				
"	Charles H Eyler	✓4	Inquest	1.00	4	3.60	4.70
			1.00 [subtotal]				521.66 [subtotal]
							38.97

date	name	district	disbursements	state	interest	County	total
1889	[194 & 195]						521.66 [subtotal]
Feb 20	John T Hessong	✓16		.63	2	2.33	2.98
							524.64 [subtotal]
" 21	~~Thomas Haden~~	4		~~1.79~~	~~.06~~	~~6.55~~	~~8.40~~
"	Cha[s] H Stunkle	✓1		2.63	$.10	9.61	12.34
"	John P Flook	✓16		1.26	.07	4.62	5.95
"	Samuel C Winebrenner	✓11		17.63	.68	64.57	82.88
"	Susan Wachter	✓20		.27		.99	1.26
"	Wm Hall col	✓11		.61	.02	2.24	2.87
"	Daniel C Bidle	✓3		.84	.02	3.09	3.95
"	~~Jacob Duble~~	~~16~~		~~2.40~~	~~7.33~~	~~8.51~~	~~18.04~~
"	D Oliver Saylor	✓17		1.45	.05	5.30	6.80 [.75 overwritten]
"	Catherine B E Saylor	✓17		8.03	.30	29.38	37.71
"	Mrs. Eliza Kriezer	✓	Pen 15.00				
"	Henry Layman	✓2		4.15	.16	15.25	19.56
"	Mrs. Ann R Keefer	✓1		12.70	.46	46.54	59.70
"	Washington Iler of P	✓17		.65	.02	2.37	3.04
"	W H Kline	✓3		.47	.02	1.72	2.21
"	Jeremiah Martin this was paid Jan 11, '89	✓4		12.30	[37]	45.02	57.32
"	" Jr.	✓4	Bal	5.50	.19	18.48	23.15
"	Jonas Rebert	✓13		15.77	.61	15.77	74.15
"	Emanuel H "	✓13		2.91	.10	10.66	13.67
			15.00 [subtotal]				349.19 [subtotal]
							5.57

[37] Co on of .57 cts [pencil written between lines]

1889 List of Taxpayers of Frederick County, Maryland

date 1889	name [196 & 197]		district	disbursements	state	interest	County	total
				15.00 [subtotal]	15.48	.60	56.68	349.19 [subtotal]
Feb 21	Mrs. Catherine Hoffman	Pen	✓17	15.00				72.76
" "	Ceasar Dauphin		✓		.39		1.42	1.81
" "	Wm M Gaither		✓18		.68	.02	2.50	3.20
" "	Lewis Jones		✓3		.48		1.73	2.21
" "	Miss Harriet Stutler		✓20		1.87	.06	6.83	8.76
" "	Hiram M Nusz		✓2					1.10
" "	Augustus Mehrling		2	part				438.93 [subtotal]
				30.00 [subtotal]				
" 22	Edward O Norris		✓17		9.82	.25	35.99	46.06
" "	Hiram Staley		✓8		.49	.02	1.79	2.30
" "	Sophia C Stottlemyer Gdn		✓16		.60	.02	2.20	2.82
" "	Susan Ruse		✓14		4.05	.15	14.82	19.02
" "	Samuel Gordan		12	part	1.76	.06	6.44	8.20 4.74
" "	Mary C Staley wife of Ezra		✓2		.71	.02	2.60	3.33
" "	Catherine Dunawin		✓9		1.14	.05	4.16	5.35
" "	John W Montgomery		✓9		1.64	.05	6.01	7.70
" "	Leander D Stull		✓20		.46		1.69	2.15
" "	" "		✓11	Bal	12.43	.17	45.52	10.00
" "	Mrs. Mary M King		✓2		2.91	.10	10.67	13.68
								117.15 [subtotal]

date 1889	name [198 & 199]	district	disbursements	state	interest	County	total
Feb 23	James Knox	✓15		.36	.01	1.30	1.67
" "	David Fisher	✓1		.71	.02	2.60	3.33
" "	John O'Hara	✓9		.40		1.46	1.86
" "	Solomon D Devilbiss	✓11	Bal	18.21	.36	66.68	44.35
" "	" "	✓20		.32		1.17	1.49
" "	Daniel Marker	✓6		3.26	.12	11.93	15.31
" "	Burr McGaha	✓12		.71	.02	2.60	3.33
" "	James B Dixon	✓7		2.35	.08	8.61	11.04
" "	Jane Kohlhass	✓7		1.72	.06	6.30	8.08
" "	Chas D Burrier	✓13		25.56	.98	93.60	120.14
" "	John D Miller	✓11		13.29	.5	48.66	62.45
" "	David & Saml Carter	✓2		.53	.02	1.95	2.50
" "	Geo J Poffenberger	✓16		5.58	.21	20.46	26.25

1889 List of Taxpayers of Frederick County, Maryland

date	name		district	disbursements	state	interest	County	total
" "	Warner B Condon		√18		1.03	.03	3.78	4.84
" "	Nicholas H Clemson	Bal	√17		16.84	.65	61.65	19.14
" "	Wm Graham		√12		27.97	1.08	102.41	131.46
" "	Rev. Joseph Trapnell	part	√12		20.18	.78	73.90	94.86
" "	Geo W Beard		17					15.00
" "	Daniel P Snyder	$2.50	√7		10.50	.42	38.45	49.37
" "	Jasper A Smith	Poleman- Mis	√					616.47 [subtotal]
								47.78

date	name	district	disbursements	state	interest	County	total
1889	[200 & 201]						
Feb 23	Jno H T Rudy	√6		.20		.72	.92
" 25	Julia Goodsell	√2		1.29	.05	4.73	6.07
" "	Samuel P Dutrow	√1		1.07	.03	3.90	5.00
" "	Frederick Troxell	√4		2.91	.10	10.64	13.65
" "		√15		.41		1.48	1.89
" "	Josiah Crum	√8		.91	.02	3.32	4.25
" "	Mrs. Hanna C Valentine	√5		1.55	.08	5.69	7.32
" "	Benj S Ahalt	√12		13.14	.50	48.12	61.76
" "	Mrs. Phoebe Ahalt wid	√3		2.66	.10	9.75	12.51
" "	Wm H Blentlinger	√	6.00				
" "	" "	√9		.36		1.30	1.66
" "	" "	√13		4.97	.18	18.20	23.35
" "	" "	√2		3.12	.12	11.41	14.65
" "	Jeremiah Martin	15					125.00
" "	Andrew Shilling	√12	part	.44	.02	1.63	2.09
" "	Samuel Early	√16		.32		1.16	1.48
" "	Lewis J Martz	√2		2.22	.08	8.15	10.45
" "	Mrs. John M Griffith	√13		6.63	.30	24.29	31.22
" "	John Kabrick	√1		2.29	.10	8.40	10.79
" "	do do	√2		1.42	.06	5.20	6.68
			6.00 [subtotal]				340.74 [subtotal]
							26.89

date	name	district	disbursements	state	interest	County	total
1889	[202 & 203]		6.00 [subtotal]				340.74 [subtotal]
Feb 25	Chas R Titlow	√2		.88	.03	3.23	4.14
" "	Casper Brust	√2		1.31	.05	4.80	6.16

1889 List of Taxpayers of Frederick County, Maryland

	name		district	disbursements	state	interest	County	total
"	Margaret Brane		√2		.53	.01	1.95	2.49
"	Dennis Brane		√2		.82	.02	2.99	3.83
"	James T Stouffer		√11		.53	.02	11.95	2.50
				6.00 [subtotal]				359.86 [subtotal]
26	Thomas Buhrman		√5		4.98	.20	18.23	23.41
"	Mrs. E W Cook		√5		.36		1.30	1.66
"	Wm Coleman		√17		.62	.02	2.26	2.90
"	Wm H Zimmerman		√2		6.33	.23	23.18	29.74
"	B Fitzhugh	Or court[38]	√	60.				
"	Wm H Hilleary	Miss	√	35.				
"	Mary A McDonnell		√4		1.50	.06	5.49	7.05
"	Alonzo Benner	Sheriff	√	900				
"	Reuben Moxley		√9		2.35	.10	8.60	11.05
"	Thomas M Baker		√9		1.19	5	4.37	5.61[39]
"	M Kendrick Harwood		√1		2.57	.11	9.41	12.09
"	John T Quinn		√2		7.36	.34	26.95	34.65
"	"		√9		23.18	1.08	84.87	109.13
				995 [subtotal]				237.29 [subtotal]

date	name		district	disbursements	state	interest	County	total
1889	[204 & 205]							
Feb 27	Annie Sheets	Pen	√13	10.00	.31	1	1.14	1.46
"	"	"	"					
"	Nickolas Hartman		√2		2.75	.13	10.08	12.96
"	Theresa Monroe		√1		.36	2	1.30	1.68
"	John A Biddinger		√11		2.41	.08	8.81	11.30
"	G F Clingan		√2		.46		1.66	2.12
" 28								29.52 [subtotal]
"	Milton Burke		√9		4.41	.21	16.17	20.79
"	"		√2		2.14	.10	7.85	10.09
"	Susan A. Wenner wife of W		√12		19.78	.92	72.42	93.12
"	Sebastian G Cockey		√2		9.78	.46	35.83	46.07
"	Wm T Wagner		√9		1.71	8	6.26	8.05

---

[38] use Cit Nat Bank

[39] 3441 written vertically in margin

1889 List of Taxpayers of Frederick County, Maryland

	name	district	disbursements	state	interest	County	total
" "	Chas N Hargate	2	part	.59	3	2.18	22.69
" "	Washington M Miller	√10		35.11	1.38	148.62	2.80
" "	James P Rodgers	√1	Bal	1.39	7	5.08	139.40
" "	F M Myers	√7		1.42	7	5.20	6.54[40]
" "	" "	√1		.40	2	1.46	6.69
" "	Joshua Crampton	√2					1.88
	Mount Hope Retreat	√	37.50				358.12 [subtotal]

date 1889	name [206 & 207]	district	disbursements	state	interest	County	total
Mch1	Jordan Crampton & Co.	√12	Bal	38.19	.67	139.82	.67
" "	Samuel Noland Heirs	√1		1.78	.09	6.50	8.37
" "	Geo Hergesheimer	√2		1.69	.07	6.18	7.94
" "	Lucretia Miller	√15		.53	.02	1.90	2.45
" "	John J Ifert	√3		1.08	5	3.92	5.50
" "	Jos C Cramer	√16	29.16				
	Firemen at Jail						
" "	Wesley R Suman	√	.35	.36	.01	1.30	1.67
	owl						
" "	Wm H Baker of T	√2		1.78	.19	6.50	8.28
" "	Alton B Carty	√1		4.10	.08	15.50	19.34
" "	Wm T Harwood	√2		1.64		6.01	7.73
" "	Geo A Stoffer	√12		38.91	1.81	142.47	183.19
" "	Mr. Samuel Claggett	√8		.72	3	2.63	3.38
" "	Wm F Sharretts	√19		.80	.03	2.93	3.76
" "	Walter Fisher	√	10.00				
	Dennis Shipley & wife						
	Pen						
" "	Fredk & Penn Line R R Co.	√11			3.43	343.20	346.63
" "	Wm H Wilson agt P R R Co.	√2	39.51 [subtotal]		.40	39.98	40.38
							638.84 [subtotal]
2	C C Smith	√2		8.35	.39	30.58	39.32
	David S Gillelan	√5		20.34	.97	74.45	95.76
							135.08 [subtotal]

date 1889	name [208 & 209]	district	disbursements	state	interest	County	total
							135.08 [subtotal]
Mch 2	Jerome Wilcome	√9		1.79	8	6.54	8.41

[40] 654 written vertically in margin

1889 List of Taxpayers of Frederick County, Maryland

	name		district	disbursements	state	interest	County	total
" "	H H Smith		✓1		1.18	.05	4.30	5.53
	William Smith		✓1		1.53	.07	5.60	7.24
	Mrs. Samuel Lighter		✓3		3.93	.19	14.37	18.49
	Catherine Cain		✓8		.44	2	1.63	2.09
	Wm L Culler		14	part from Kemp				2.91
	Mrs. Mary F Dutrow		✓8		.98	5	3.58	4.61
	John E Miller		✓3		1.03	5	3.79	4.87
	Charles J Ramsburg	Clk Elec	✓	3.00				7.66
	Jacob T Wolfe		✓6		1.63	8	5.95	7.66
	S M Gilbert		✓15		.59	3	2.78	2.81
	Mrs. Ellen Roderick		✓11		5.23	.25	19.16	24.64
	Ezra Michael		✓1		19.26	.90	70.53	90.69
	E F Bowersox		✓1		3.31	.15	12.10	15.56
	Daniel E Stouffer		✓11		1.84	9	6.70	8.63
" "			✓13		1.60	8	5.85	7.53
	Jacob Poffenberger		✓3		.68	3	2.50	3.21
	John R Sponseller		✓9		.31	.02	1.14	1.47
	Frederick Oland		✓1		19.45	.92	71.22	91.59
" "			✓2		21.69	1.01	79.40	102.10
	Geo E Basford		✓1		4.26	.20	15.60	20.06
								565.14 [subtotal]

date	name		district	disbursements	state	interest	County	total
1889	[210 & 211]							565.14 [subtotal]
Mar 2	Jacob R Kline		✓7	Bal	8.26	.07	30.23	8.96
" "			1	part				56.14
								630.24 [subtotal]
" 4	Henry T Johnson	cold	✓3		.27	2	.98	1.27
	Eliza Johnson	cold	✓3		.36	2	1.30	1.68
	Philip Norris	cold	✓3		.21	.01	.78	1.00
	David Neal		19		.44	2	1.60	2.04
	Sarah A E Suman		✓2		2.49	.13	9.10	11.72
								15.67 [subtotal]
" 5	Michael Gordon	cold	✓12		.57	3	2.09	2.69
	Joseph Blair & wife		✓2		.62	3	2.28	2.93
	Joseph Blair	wit	✓	1.00				
	Joseph H Hartsock		✓17		4.13	.21	15.15	19.49
" "			✓18		4.76	.24	17.42	22.42

1889 List of Taxpayers of Frederick County, Maryland

name	district	disbursements	state	interest	County	total
August Mehrling	√2		1.87		6.83	6.70
Henry R Harris	√11	Bal 1.00 [subtotal]	57.27	2.84	209.70	269.81
James E Staub	2	part				5.00 324.04 [subtotal] [41]
						329.04 [subtotal]
John T Speak	√4		2.84	.14	10.39	13.37
Samuel Graybill	√17		2.92	.25	18.03	23.20
						36.57 [subtotal]

date	name	district	disbursements	state	interest	County	total
1889	[212 & 213]						36.57 [subtotal]
Mch 6	William W Cramer	√2		13.45	.62	49.27	63.34
" "	Isaac C Nicodemus	√19		6.90	.40	22.25	32.55
" "	Catherine Handley	√15		1.04	.05	3.81	4.90
" "	John Graybill	√17	scalps	1.06		3.88	4.94
" "	John Fogle	√17		.33	.01	1.22	1.56
" "	Wm Fogle Jr.	√8		1.94	.09	7.09	9.12
" "	Noah & Chas. E Cramer	√11		13.92	.76	50.96	65.64
" "	Noah E Cramer	√13		.54	.03	1.99	2.56
" "	James A Davis	√7		2.90	.16	10.61	13.67
" "	Frank Schley	√2	11.20	23.38	1.18	85.58	110.14
" "	Daniel S Loy	√4		.20		.72	.92
" "	A W Dempsey	√18	Judge of Elec 6.00	1.07	6	3.90	5.50
" "	Margaret A Dempsey	√18		.62	3	2.28	2.93
" "	Frederick Crum	√13		1.24	.05	4.55	5.84
" "	Mrs. Chas. Wilhide	√3		.53	3	1.95	2.51
" "	Thos. F Biddle	√6		15.58	.78	57.06	73.42
" "		√16		2.08	.10	7.64	9.82
" "	E L & J M Keller	√1		3.02	.15	11.05	14.22
" "	John Bostian Jr.	√8	17.20 [subtotal]	.65	3	2.39	3.07
							462.75 [subtotal]
							38.10

---

[41] Subtotal written between lines

1889 List of Taxpayers of Frederick County, Maryland

date 1889	name		district	disbursements	state	interest	County	total
Mch 6	[214 & 215] Wm Burgess	janitor	✓	17.20 [subtotal] 33.33 50.53 [subtotal]				462.75 [subtotal]
" "	Geo W Titlow		2	part				5.00
" 7	David O Willing		✓1		1.04	.04	3.79	4.87
" "	Josephus Easterday		20	part				34.19
" "	Theodore Smith	clerk of elec	✓	3.00				
" "	"	scalp	✓	.50				
" "	Cassianus Stottlemyer		✓10		1.17	.02	4.27	5.46
" "	Bernard Louis		✓6		1.95	.10	7.15	9.20
" "	A J Spriggs		✓10		8.04	.45	29.43	37.92
" "	William Allan		✓12		.31	.01	1.14	1.46
" "	Barbara Seiss		✓12		.99	.04	3.63	4.66
" "	John H Lugenbeel Heirs	col	✓5		6.51	.38	23.85	30.74
" "	Ignatius Brown		✓19		5.82	.30	21.32	27.44
" "	John H Hoffman		✓10		2.45	.13	8.97	11.55
" "	Margaret Flayherty		✓4		5.83	.30	21.35	27.48
" "	Mrs. Elizabeth Shoemaker		✓15		.63	.03	2.31	2.97
" "	Henrietta Norris		✓17		.71	.03	2.60	3.34
" "	Lebbeus Griffith		✓9		12.70	.67	42.51	59.88
" "			✓9		11.22	.58	41.11	52.91
				3.50 [subtotal]				319.07 [subtotal] 7.97

date 1889	name		district	disbursements	state	interest	County	total
Mch 7	[216 & 217] George H Crum		✓2	3.50 [subtotal]	.80	.03	2.93	319.07 [subtotal] 3.76
" "	Ephraim Eckenrode		5	part				36
" "	Clinton J Lindsay		✓		.89		3.25	4.14
" "	"	Room rent		4.00				
" "	Jared Stonesifer		✓17		14.12	.73	51.71	66.56
" "	Joshua T Lindsay		✓8		.49	.02	1.79	2.30
" "	John W Michael		✓3		1.63	.07	5.96	7.66
" "	Chas M Myers		✓11		.90	.04	3.27	4.21

1889 List of Taxpayers of Frederick County, Maryland

		name						
"	"	Joshua Summers	✓16	7.50 [subtotal]	14.21	.83	32.05	67.09 443.70 [subtotal][42]
								510.79 [subtotal]
"	8	Emmitsburg Water Co.	✓5		.75	70.79	71.54	9.30
"	"	" "	✓2		1.97	.11	7.22	25.10
"	"	Millard F Geesey	✓11		5.33	.27	19.50	2.66
"	"	E E Albaugh	✓	.50	.57		2.09	
"	"	" "		Inquest				
"	"	Jesse W Gaugh	✓20		8.58	.20	31.41	40.19
"	"	W A Ward	✓15		2.66	.07	9.75	12.48
"	"	John T Lowe	✓9		1.60	.04	5.85	7.49
"	"	John Eichner	✓2		.96	.05	3.51	4.52
"	"	Alpha E Stull	✓2		3.37	.17	12.35	15.89 [subtotal]
				.50 [subtotal]				189.17 [subtotal]
								3.44

date	name	district	disbursements	state	interest	County	total
1889	[218 & 219]						189.17 [subtotal]
Mch 8	E M Staley	✓2		1.06	.04	3.87	4.97
"	Alpha E Stull[43] guar J M Zim--	✓2		.37	.01	1.37	1.75
"	Luther Warenfeltz	✓6		.27		.98	1.25
"	Wm H Smith & Virginia his wife	✓11		8.27	.19	30.26	38.72
"	Catherine Houck	✓13		3.73	.19	13.65	17.57
"	Yost Wyand	✓10		2.81	.07	110.32	13.12
"	Martin L Brown	"	1.63	.04	5.97	7.64	
"	Peter Johnson	✓17		3.59	.18	13.14	16.91
"	John R Stoner	✓4		5.31	.27	19.44	25.02
"	Daniel Stoner	✓17		.75	.04	2.75	3.54
"	Thomas H Johnson	✓14		.55	.02	2.02	2.57
"	George Cline	✓6		1.31	.06	4.81	6.18
"	Tho.s Fleming	✓18		2.79	.13	10.24	13.16
"	John C Ambrose	✓10		1.88	.09	6.88	8.85
"	Geo W Summers	✓14		12.27	.65	44.95	57.87
"	Howard C Palmer	✓6		2.62	.14	9.59	12.35

---

[42] Subtotal written between lines

[43] Her maiden name was Zimmerman

1889 List of Taxpayers of Frederick County, Maryland

	J T Moffitt & F Simmons	✓1	.77	.03	2.83	3.63
	Jacob T Moffitt	✓1	33.50	1.76	122.66	157.92
	John T Cretin	✓5	20.04	.47	73.35	93.86
	Robert Shafer	✓16	.40	.02	1.46	1.88
						678.01 [subtotal]
						410 1210

date	name	district	disbursements	state	interest	County	total
1889	[220 & 221]						678.01 [subtotal]
Mch 8	Thos. B Tyler	✓2		.27		.98	1.25
9	L [incomplete]						679.26 [subtotal]
9	Lewis C Spittle	✓1		.81	.04	2.96	3.81
" "	Wm C Shaeffer	✓1		3.73	.20	13.65	17.58
" "	Chas W Haines	✓3		.46	.02	1.69	2.17
" "	Wm T R Smith	✓2		2.66	.14	9.75	12.55
" "	Henry A Hinea	✓11		.27		.98	1.25
" "	Daniel Grossnickle	✓6		4.73	.25	17.31	22.29
" "	& Susan Wolf	✓6		8.50	.36	31.12	39.98
" "	Susan Wolf	✓6		.24	.01	.88	1.13
" "	Wm Bailey Heirs	✓12	col	.27	.01	.98	1.26
" "	Caroline M Barnes	✓9		1.83	.09	6.70	8.62
" "	Ed L Leather	✓7		2.99	.18	10.97	14.14
" "	Ann R Harding	✓7		.40	.02	147.00	1.89
" "	Frank Fisher	✓7	col	.19	.01	.68	.88[44]
" "	Mrs. Martha Harbaugh	✓15		4.28	.22	15.67	20.17
" "	Henry Jackson	✓13	cold	.51	.02	1.85	2.38
							150.10 [subtotal]

date	name	district	disbursements	state	interest	County	total
1889	[222 & 223]						
Mch 11	Emeline Ahalt wife of Jacob	✓3		4.76	0.27	17.42	22.45
" "	Samuel Winebrenner & Co.	✓2		3.02	0.14	11.05	14.21
" "	Ann M Killian wife of Jno. M	✓2		2.05	.10	7.50	9.65
							46.31 [subtotal]

---

[44] 975 written vertically in the margin

1889 List of Taxpayers of Frederick County, Maryland

" 12	John E Fleming	Judge of Elec	✓	5.08	
" "	Albert Johnson	scalps	✓	.35	
" "	John W Shry	"	✓	8.00	
" "	Geo Brengle	wit	✓	3.00	
" "	James A Morgan	"	✓	.33	
" "	Charles Smallwood	May	✓	.85	
" "	Jos. W Hoffman	Reg room rent	✓	8.00	
" "	Jeremiah Dutrow	Constable	✓	4.20	
" "	Wm H Bowers	coffin & grave act	✓	9.50	
" "	T H Harrison	" " "	✓	10.00	
" "	Samuel Stanton	" " "	✓	10.00	
" "	John T Smith	" " "	✓	2.50	
" "	A P Works	Chairman Miss	✓	2.50	
" "	John Albaugh of Daniel		11	part	14.50
" "	Daniel Gladhill		✓3		.83
" "	Joseph F Nussbaum		13	part	2.00
				64.31 [subtotal]	17.33 [subtotal]

date	name		district	disbursements	state	interest	County	total
1889	[224 & 225]			64.31 [subtotal]				17.33 [subtotal]
Mch 12	Peter Holter		✓2		11.14	.61	40.80	52.55
" "	Evan T Smeltzer		✓18		.89	.05	3.25	4.19
" "	Joseph Stottlemyer of Z		✓6		2.29	.12	8.38	10.79
" "	Wm Harn & Bro		✓19		2.66	.14	9.70	12.50
" "	Singleton W Harn		✓19		12.68	.71	46.44	59.83
" "	Abner Harn		✓19		1.99	.11	7.30	9.40
" "	John Miller		✓10		4.36	.25	15.96	20.57
" "	Adam Tressler		✓10		.27	.02	.98	1.27
" "	Franklin B Welty		✓5		2.38	.14	8.70	11.22
" "	James Harbaugh		✓10		1.07	.03	3.90	5.00
" "	Geo R Hays		✓7		4.93	.26	18.02	23.21
" "	Sarah A Hays		✓7		8.12	.46	29.76	38.34
" "	Ann R Fout		✓2		.36	2	1.30	1.68
" "	Nathaniel R Waters		✓9		6.35	.10	23.26	29.71[45]
" "	"	Judge of Elec[?]	✓	12.00				

[45] 667 written vertically in margin

1889 List of Taxpayers of Frederick County, Maryland

	Pen					
Hester Fry	✓				4.18	5.39
C C Cecil	✓7	10.00	1.15	.06		302.98 [subtotal]
		86.31 [subtotal]				
Jacob Powell	✓8		.25	.02	.91	1.18
Charles Chambers	✓19		.72	4	2.65	3.41
Jacob E Dinterman	9	part				3.50
						8.09 [subtotal]

date	name	district	disbursements	state	interest	County	total
1889	[226 & 227]					8.09 [subtotal]	
Mch 13	Mrs. Mary J Shorb wife of Wm	✓4		.81	5	2.96	3.82
	Peter Eves	✓8		.82	5	3.01	3.88
	Mrs. Catherine Beard	✓8		.89	6	3.25	4.20
	Geo W Beard	✓8		.28	2	1.04	1.34
	Greenbury Diggs	✓19		.18	1	.68	.84
	Mrs. Elizabeth C Mesner	✓15		1.15	7	4.18	5.40
	Frances A Willis	✓9		6.13	.34	22.46	28.93
	R Jones Nelson	✓11		19.49	1.13	71.35	91.97
	" "	✓13		.95	5	3.48	4.48
	Michael Shank of G	✓11		.82	2	2.99	3.83
	Jacob D Dinterman	✓13	Bal	5.46	.31	19.97	10.74[46]
	Theodore Geesey	✓11		6.89	.38	25.23	32.50
	Milton Zimmerman	✓13		.36	2	1.30	1.68
	Theodore Geesey	✓13		13.85	.77	50.71	65.33
	Robert Heimes	✓12		.36	.02	1.31	1.69 267.03 [subtotal][47]
	M Isaac S Reich	✓2		4.29	.25	15.71	20.25 268.72 [subtotal][48]
							288.97 [subtotal]
14	Emmitsburg Rail Road Co.	✓5		16.27	1.01	81.25	82.26
	John G Rodgers	✓20			1	59.61	76.88
	Hepsey Biser	✓16		.41	3	1.50	1.94
	Miss Aseneth Collins & Sister	✓8		1.15	6	4.32	5.44

[46] 695 written vertically in margin

[47] Subtotal written between lines

[48] Subtotal written between lines

1889 List of Taxpayers of Frederick County, Maryland

date	name		district	disbursements	state	interest	County	total
1889	[228 & 229]							166.52 [subtotal]
Mar 14	J C Lamar		√1		5.12	.30	18.73	166.52 [subtotal] 24.15
" "	" & Geo. A Lamar		1		1.14	.06	4.16	5.36
	Jos. L Riddlemoser		√13		7.00	.41	25.65	33.06
	Willis E Pelton		√13		.75	.05	2.73	3.53
	Geo H Clem		√20		2.68		9.84	12.66
	Clinton A Riddlemoser & sisters		√13		4.02	.14	14.70	18.72
	" "	Clerk elec	√ "	6.00				
	" "	Magistrates act	√ "	6.80				
	" "	Scalps	√ "	4.55				
	" "	"	√ "	2.80				
	Geo. L Smith		√11		.46	3	1.66	2.15
	Mary M Haller		√2		1.33	7	4.88	6.28
	Geo C Freshour		√20		3.50	.20	12.84	16.54
	O A Englar		√4		1.72	.10	6.27	8.09
	Hamilton Lindsey	Reg Wills		200.00				
	Elias Blickenstaff		√6		4.90	.29	17.96	23.15
	John M Sigler		√3		2.30	.14	8.41	10.85
	" "	Juror inquest	√	.50				2.84
	Samuel A Stitely		√17		.60	4	2.20	333.90 [subtotal]
				220.65 [subtotal]				6.57

date	name		district	disbursements	state	interest	County	total
1889	[230 & 231]			220.65 [subtotal]				333.90 [subtotal]
Mch 14	Mrs. Anna Clem		√20		1.19	.06	4.32	5.57
" 15	Wm Spurrier		√18					139.47 [subtotal]
" "	Jacob E Zimmerman		√2		2.25	.18	8.28	10.71
	Lewis F Wachter		√20	Bal	3.37	.19	12.32	15.88
	John H Hill		√20		8.46	.35	31.00	26.81
	Wm Hill		√20		2.00	.12	7.33	9.45
	Geo E Myer		2	part	14.24	.81	52.16	67.21
	John H Hill	juror Elec	√	3.00				5.00

84

1889 List of Taxpayers of Frederick County, Maryland

	name	district		state	interest	County	total
	George Shank	✓16		10.58	.61	38.75	49.94
	" " & John Shank	✓16		17.19	1	62.96	81.15
	Carlton P Shank	✓16		.59	3	2.18	2.80
	John Wood	✓11		.53	.02	1.95	2.50
	Mrs. Susan Saylor	✓11		1.42	.03	5.20	6.65
	Nimrod B Dorsey	49 8		7.67	.45	28.08	36.20
	Daniel Long of P	✓19		.70	.03	22.57	3.30[49]
	John Zecher	✓3		1.11	7	5.15	5.22
16							323.32 [subtotal]
	Benjamin F Duvall	✓9		2.77	.16	10.15	13.08
	James O Horne	✓10		4.28	.25	15.68	20.21
				3.00 [subtotal]			33.29 [subtotal]

date	name	district	disbursements	state	interest	County	total
1889	[232 & 233]						33.29 [subtotal]
Mch 16	Chas C Blentlinger	✓2	col	1.40	.08	5.13	6.61
" "	Lydia Spriggs	✓9		.22	.01	.78	1.01
" "	Washington Z Romsburg	✓14		18.36	1.01	67.26	86.63
" "	Frederick K Stone	✓3		.22	1	.81	1.04
	John Stone	✓3		20.40	1.39	74.69	96.48
	Frederick K Stone Extr	✓2		2.44	.15	8.94	11.53
	" "	✓2		1.14	6	4.14	5.34
	Elias Coblentz	✓3		7.55	.44	27.63	35.62
	Mrs. Julia Ann Coblentz	✓3		5.54	.31	20.31	26.16
	James B Scarf	✓1		1.18	8	4.33	5.59
	Tobias Haller	✓2		2.17	.12	7.93	10.22[50]
	Mrs. Georgina Six	✓2		1.46	.10	5.36	7.92
	Josiah Schildknecht	✓2		1.30	.07	4.76	6.13
18							333.57 [subtotal]
	Geo F B Crumbaugh	✓11		15.87	.81	58.12	74.80
	" "	✓20		.18	1	.65	.84
	Mt St. Mary's College	✓5		22.86	1.33	83.73	107.92
	Edward Routzahn	✓3		2.51	.24	9.17	11.92

---

[49] 377 written vertically in margin

[50] 556 written vertically in margin

1889 List of Taxpayers of Frederick County, Maryland

date	name		district	disbursements	state	interest	County	total
" "			✓16		3.46	.28	12.68	16.42
	David W Knode		✓9		2.66	.15	9.72	12.53
								224.43 [subtotal]
								12.41

date	name		district	disbursements	state	interest	County	total
1889	[234 & 235]							224.43 [subtotal]
Mch 18	Angelina Knode & son		✓9		.76	.05	2.79	3.60
" "	John T Allnutt		✓1		2.66	.15	9.75	12.56
" "	Laurence Easterday		✓6		9.91	.59	36.31	46.81
" "	Frank Angelier		✓13		1.42	.31	5.20	6.93
" "	Mrs. Samuel W Price		✓9		2.31	.12	8.45	10.88
	Lewis Kreh		✓2		7.47	.43	7.13	34.97
	Benj Ramsburg		✓3		.98	.02	3.59	4.55
	Mrs. Mary Rippeon		✓13		.81	5	2.98	3.84
	Sedonia Savoy	col	✓13		.27	.02	.98	1.27
	~~Lewis Kreh~~		2		~~7.44~~	~~.40~~	~~27.13~~	~~34.97~~
	Jos. K Hoffman		✓2		.18		.65	.83
	Ludwig Routzahn		✓6		29.38	1.72	107.60	138.70
	Peter H Shafer		✓3		14.26	.84	66.48 52.22	67.32
	Archibald Graham		✓8		1.14	.01	4.16	5.37
	Peter H Shafer		✓13		5.95	.36	21.78	28.09
	Ephraim Eckenrode		✓5	Bal	7.73	.40	28.26	.39
	Mrs. Geo. F P Grabill		✓13		3.35	.19	12.26	15.80
	Mrs. Lydia A R Miller wife of L H		✓2		1.42	.07	5.20	6.69
	John P Bollinger		✓5		1.26	3	.62	5.91
	Reverdy Browning	scalps	✓	1.75 overwritten]				617.54 618.94[subtotal]
								38 108

date	name		district	disbursements	state	interest	County	total
1889	[236 & 237]			1.75 [subtotal]				Illegible[subtotal][51]
Mch 18	Georg Haller	col	✓2		.98	.05	3.58	4.61

---

[51] overwritten

1889 List of Taxpayers of Frederick County, Maryland

		Pen					623.55 [subtotal][52]
	Josephine Whiten		✓	.83	.05	3.02	3.90
" 19	Andrew Harbaugh		✓10	1.06	.05	3.88	4.99
" "	David D Wagaman		✓10	.80	.04	2.92	3.76
" "	Emanuel Unger		✓15	18.66	1.10	68.41	88.17
" "	Harvey H Michael		✓1	.31	.02	1.14	1.43[53]
" "	Sarah C Crawford		✓9	2.88	.21	10.56	13.65
" "	Mathias Molesworth		✓18	.79	.04	3.22	4.05
" "	Richard J Brashear		✓18	5.00			
				6.75 [subtotal]			119.99 [subtotal]
	John D Murphy	Inquest	✓	.50			
	Charles Lewis	"	✓	.50			
	Geo W Wolfe	"	✓	.50			
	J B Sier	"	✓	.50			
				2.00 [subtotal]			
" 20	Hightman & Bro		✓12	.53	.02	1.95	2.50
" "	Addison L Withers		✓11	12.13	.75	44.44	57.32
" "	Hezekiah Palmer		✓6	3.76	.24	13.75	17.75
" "	Thomas J Webster		✓1	.99	7	3.64	4.70
" "	Samuel Spriggs		✓18	.36	.02	1.30	1.68
							83.95 [subtotal]
							2.21

date	name		district	disbursements	state	interest	County	total
1889	[238 & 239]							83.95 [subtotal]
Mch 20	Tho[s]. Staup	Pen		20.00	.62		22.27	2.89
" "	Daniel Gaugh	"	✓20		18.05	.85	66.10	85.00
" "	Nathaniel Hannaman	"	✓20		8.56	.53	31.36	40.45
" "	Margaret E Decker	"	✓18		11.06	.05	3.86	4.97
" "	Harvey Palmer	"	✓18		.88	.03	3.23	4.14
" "		Inquest	✓9	.50				
" "	Daniel Moser	"	✓15		.71	.03	2.60	3.34
" "	Edmund L Yingling	"	✓7		9.63	.03	35.25	45.48

[52] overwritten

[53] 3 written vertically in margin

1889 List of Taxpayers of Frederick County, Maryland

date	name	district	disbursements	state	interest	County	total
"	Calvin F Kemp	√2		2.05	.13	7.50	9.68
"	David L Mahoney	√7		1.09	7	3.98	5.14
"	James Whitehill Heirs	√2		2.31	.13	8.45	10.89
"	Thomas Gorsuch	√2		3.98	.24	14.55	18.77[54]
"	John Diffendall	√2		7.30	.45	26.71	34.46
"	David Ridenour	√10		.68	5	2.49	3.22
				20.50 [subtotal]			352.38 [subtotal]
" 21	Isaac S Russell	√9	part				10.25
	William Humerick	√15		.72	5	2.63	3.40
	P F Pampel	Alry	13.32				
	L C Mullinix	√2		4.83	.30	17.70	22.83
	" "	√7		2.49	.16	9.10	11.75
							48.23 [subtotal]

date	name	district	disbursements	state	interest	County	total
1889	[240 & 241]		13.32 [subtotal]				48.23 [subtotal]
Mch 21	H D Flickinger	√17		.93	.05	3.41	4.39
"	John Clemson	√17		42.77	2.66	156.62	202.05
"	" "	√8	col	.53	.03	1.95	2.51
"	Philip White	√8		.33	.01	1.22	1.56
"	David Delauter	√12		1.96	.12	7.16	9.24
"	Patrick Kennedy	√2		4.58	.29	16.77	21.64
"	Joseph Lebherz	√2		1.86	.12	6.80	8.78[55]
"	Geo W P Marsh	√3		.27	2	.98	1.27
22			13.32 [subtotal]				299.67 [subtotal]
"	Joseph Reinhart	√9		1.46	.11	5.36	6.93
"	Lewis P Ramsburg	√11		12.87	.82	47.14	60.83
"	Samuel H Brown	√1			.53	39.00	39.53
	" "	√2			.37	28.76	29.13
	" "	√13			1.17	88.97	90.14
	" "	√20			.87	65.00	65.87
	E Joshua Zimmerman	√2		6.18	.48	22.62	29.28
	Henry Gaver	√6		12.71	.78	46.55	60.04

---

[54] 776 written vertically in margin

[55] 33 written vertically in margin

1889 List of Taxpayers of Frederick County, Maryland

			disbursements	state	interest	County	total
Wm D Worman		√2				191.43	246.95
Jacob M Holbrunner	Miss		1.00	52.28	3.24		628.70 [subtotal]
John " "	Inquest		.50				44.44
			1.50 [subtotal]				

date	name	district	disbursements	state	interest	County	total
1889	[242 & 243]						628.70 [subtotal]
Mch 22	Milton Spahr		Scalps 1.40				
" "	John M Holbrunner	√11		1.35		4.97	6.32
" "	Jacob H "	√11		1.78	.10	6.50	8.38
" "	James Poole	√9		.18	.01	.65	.84
" "	Geo W Blessing	1		.71	.04	2.60	3.35
" "	Mary A S Main	√9		.36	.02	1.30	1.68
" "	Samuel Morrell	√5		10.07	.63	36.89	47.59
" "	Elizabeth Smith	√16		.62	.03	2.28	2.93[56]
			2.90 [subtotal]				699.78 [subtotal]
" 23	Cornelius Cochran	√14		4.01	.24	14.66	18.91
" "	Walter Saunders	√2		4.17	.25	15.28	19.70
" "	Adam Renner	√16		2.42	.15	8.84	11.41
" "	Grange No 97	3	J H Kefauver Trea	1.49	.08	5.46	7.03
" "	Lewis W Bell	1		1.58	.10	5.79	7.47
" "	James [overwritten] Etzler	√13		.41	.02	1.50	1.93
" "	Chas M Shank	√16		.36	.02	1.30	1.68
" "	Silas Young	√16		2.11	.12	7.74	9.97
" "	John W Staup	4		10.71	.65	39.22	50.58
" "	" "	√11		3.73	.23	13.65	17.71
" "	John T Staup	√4		.36	.02	1.10	1.68
							147.97 [subtotal]
							5.64

date	name	district	disbursements	state	interest	County	total
1889	[244 & 245]						147.97 [subtotal]
Mch 23	Edward A Long		5.70	.35	20.87	26.92	
" "	John P Moser	√16		1.22	.07	4.43	5.72
" "	Samuel B Ecker	√8		.38	.02	11.37	1.77

---

[56] 343 written vertically in margin

1889 List of Taxpayers of Frederick County, Maryland

	name							total
"	Elizabeth A Kiens		✓13		1.93	.12	7.07	9.12
"	Mary M Hobbs		✓2		1.33	.08	4.88	6.29
"	Mich^l Gllison		✓12		1.47	.05	5.38	6.90[57]
"	Hamilton W Stottlemyer		✓6		3.31	.21	12.12	15.64 [smeared]
								220.33 [subtotal]
25	Thos.C Landerkin	Judge of Elec		12.00				
"	"	Miss		17				
"	Thos.C Landerkin		✓2		5.68		20.80	26.48
"	Augusta Landerkin wife of T C L		✓2		.27		.98	1.25
"	& Emma DeGrange		✓2		3.55	.20	13.00	16.75
"	Charles B Staley		✓2		4.71	.26	17.23	22.20
"	John A Summers	wit	.33					
"	Levi Wetzel		✓17		.52	.03	1.90	2.45
"	Clemnbus Dutrow		✓16		.34	.02	1.25	1.61
"	John Weller		✓6		1.05	.07	3.84	4.96
"	Daniel Zimmerman		✓2		22.54	1.49	82.52	106.55
"	Henry Working		✓11	Bal	4.06	.17	14.87	18.10
				29.33 [subtotal]			4.43	200.35 [subtotal/overwritten]

date	name		district	disbursements	state	interest	County	total
1889	[246 & 247]			29.33 [subtotal]				200.35 [subtotal/overwritten]
Mch 25	Lewis Sigler		✓3		.26		.97	1.23
"	Arthur V Wilcox		✓2		35.13	2.30	128.65	166.08
"	~~Henry E Smith~~ Padgett Smith & Co.		✓1		2.13	.12	7.80	10.05[58]
"	Henry E Smith		1		18.00	1.18	65.89	85.07
"	Geo L Gitzbaugh		8		.72	.05	2.61	3.38
								466.16 [subtotal]
"	26 Dennis H Maynard		✓19		9.47	.63	34.65	44.75
"	" " "		17		.98	.06	3.58	4.62
"	W^m H Grabill		✓9		1.78	.10	6.50	8.38
"	" "		✓13		6.32	.40	23.15	29.87
"	Benj Baker		✓20		3.63	.22	13.31	17.16

---

[57] 3551 written vertically in margin

[58] 3111 written vertically in margin

1889 List of Taxpayers of Frederick County, Maryland

	name	district		state	interest	County	total
" "	David Arnold	✓12	Bal	38.96	.69	142.65	50.28[sic]
" "	Basil P Devilbiss	17		.98	.05	3.59	4.62
" "	Jacob Young of D	✓3		17.25	1.25	63.16	81.66
" "	David Groff	3		5.25	.34	19.21	24.80
" "	Mrs. Anna R Hyder	17		.71	.04	2.60	3.35
" "	Geo H Cramer	✓13		.49	.02	1.79	2.30
" "	Gassaway Hood & Leah his wife	18		.90	.06	3.29	4.25
" "	William H Naylor	✓10		7.28	.47	26.65	34.40
" "	Joseph Tressler	✓10		.66	.03	2.41	3.10
							313.54 [subtotal]
							6.65

date	name	district	disbursements	state	interest	County	total
1889	[248 & 249]						313.54 [subtotal]
Mch 26	Mrs. Tabitha Reightler	✓10		1.24	.07	4.55	5.86
" "	Mary M Simons wife of Jos. E	✓15		2.43	.15	8.89	11.47
" "	Samuel Wiseman	✓16		2.02	.12	7.40	9.54
" "	Thomas Shafer	✓3		11.94	.78	43.73	56.45
" "	Margaret Shank	✓8		.53	.02	1.95	2.50
" "	" " wid of Wm	✓11		1.36	.08	5.16	6.60
" "	Wm Shank Heirs	✓11		14.68	.96	53.76	69.40
" "	John Murphy	9		.68	.04	2.50	3.22
" "	Ezra Minnick	3		1.14	.07 .00	4.16	5.37 5.30
" "	" May		.60				
" "	" Inquest		5.00				
" "	" road damage		19.60				
" "	Sophia Grabill	17		4.05		14.82	18.87[59]
" "	" Murphy	✓17		.60		2.21	2.81
			25.20 [subtotal]				2.50 508.06 [subtotal][60]
" "	Elizabeth King wife of Henry	✓2		.53	.02	1.95	
" "	Mary Jane Houck	✓11		3.41	.21	12.48	16.10
" "	Dr. Chas. W Shreeve	✓7		1.08	.10	3.97	5.15 529.31 [subtotal][61]

---

[59] 3762 written vertically in margin

[60] Subtotal written between lines

[61] Subtotal written between lines

1889 List of Taxpayers of Frederick County, Maryland

		district	disbursements	state	interest	County	total
	Martin J Mumford	√16		1.84	.11	6.73	8.68
	Geo J Smith	√16		.20		.72	.92
							9.60 [subtotal]

date	name	district	disbursements	state	interest	County	total
1889	[250 & 251]						9.60 [subtotal]
Mch 27	James M Neely	√5		16.06	1.05	58.79	75.90
" "	Isaac Keller	√16		15.79	1.06	57.83	74.68
" "	Central Nat Bank	√2		26.63	1.77	97.50	125.90
" "	Mrs. Ann M Poole wf of Wm Jr.	√6		.58	4	2.12	2.74
" "	Henry Gall	√15		8.38	.57	30.70	39.65
" "	Geo W Castle	√3		1.23	.07	4.49	5.79
" "	Frank Downey	√9		2.31	.14	8.45	10.90
" "	Geo M Koogle	√3		1.07	.05	3.71	4.83
" "	John E Schell	√2		5.24	.34	19.18	24.96
" "	Charles Plummer	√7		.53	4	1.95	2.52[62]
" "	Glenn H Worthington Pub School	√2	$4,000.00	.54	3	2.00	2.57
" "	Benjamin H Blacksten	√9		2.13	.12	7.80	10.05
28	Hattie V Moxley						380.04 [subtotal]
	Lewis E Flook	√16		2.97	.20	10.89	14.06
	David H Martz	2		.66	.05	2.42	3.13
	Lewis H Steiner	√2		41.03	2.81	150.22	194.06
	Charles E Mealey	√2		14.58	.98	53.39	68.95
	Martha E Wilcoxon	√2		6.80	.48	24.90	32.18
	Thomas Shafer Trustee for Margt Routzn	3		6.21	.41	22.75	29.37
							341.75 [subtotal]

date	name	district	disbursements	state	interest	County	total
1889	[252 & 253]						341.75 [subtotal]
Mch 28	Newton M Zentz	√20		1.00	.09	3.66	4.75
" "	Elias M Ramsburg	√16		.48	.03	1.76	2.27
" "	Geo R Gernand	√16		.44	.03	1.63	2.10
" "	James Gernand	√16		.51	.03	1.85	2.39
	Louis McMurry	√2		91.71	6.27	335.76	433.74

---

[62] 296 written vertically in margin

1889 List of Taxpayers of Frederick County, Maryland

date 1889	name	district			disbursements	state	interest	County	total
		√13				42.64	2.92	156.16	201.72[63]
		√1				160.64	10.98	748.73	759.71
	H J Colbert	√1	coffin act	2.50					29.69
		√1				6.28	.39	23.02	1778.12 [subtotal]
29	John T Houck	√20				1.56	.10	5.71	7.37
"	Charles A Weaver	√3				.80	5	2.93	3.78
" "	Sidney & Greenbury R Sappington[64]	√8				57.08		212.67	269.75 [circled]
" "	Harry C Keefer	√	Trea Montevue	1500.00					
" "	Joshua Sundergill	√19	Judge of Elec	9.00					
" "	W{m}. H Damuth	√19				2.29		8.38	10.67
" "	John D Martin	√15				3.19	.21	11.65	15.05
" "	George Favorite	√4				8.85	.61	32.41	41.87
" "	Adam W Palmer	√15				2.40	.15	8.78	11.33
		√16				2.04	.14	7.48	9.66
					1509.00 [subtotal]				99.73 [subtotal]
									2.34

date 1889	name	district			disbursements	state 1509.00 [subtotal]	interest	County	total 99.73 [subtotal]
Mch 29	John Hanson Stouffer [254 & 255]	√13				15.51	1.05	56.77	73.33
" "	Zavinia Harbaugh	√15				.57	.03	2.08	2.68
" "	Lawson Moser	√16				.53	4	1.93	2.50
" "	Louisa E Gephart	√2				.50		1.82	2.32
									180.56 [subtotal]
	John Weitzner	√2				.70	5	2.56	3.31
	John H Feaster	√14				.18		.65	.83
30			J of E	6.00					
	Henry King	√2				.71	.04	2.60	3.35
	Samuel J Martin	√15				1.44	.08	5.28	6.80
	William J & J E Martin	√15				6.90	.48	25.24	32.62
	James W Miller	√15				1.24	.08	4.53	5.85
	Margaret Hummer	√20				.52	.03	1.88	2.43

---

[63] 4531 written vertically in margin

[64] paid Jan 11 1889

1889 List of Taxpayers of Frederick County, Maryland

						total
Geo W Cutsail	2					4.00
George Shank	✓	part 12.00				
John W Buckingham	✓9		1.49	.10	5.46	7.05
Nancy E Keeney	✓11		.99	.06	3.64	4.69
" "	✓8		.77	.05	2.82	3.64
Julian Wireman	✓3		.44	.03	1.61	2.08
John Pfoutz	✓17		1.81	.12	6.61	8.54
						85.19 [subtotal]

date	name	district	disbursements	state	interest	County	total
1889	[256 & 257]						85.19 [subtotal]
Mch 30	Jacob W Cramer	✓11		24.89	1.74	91.16	117.79
" "	S J Norris	✓8		.25		.91	1.16
" "	R P & Chas. M Hagan	✓19		3.02	.21	11.05	14.28
" "	John W Lambright	✓2		4.26	.29	15.60	20.15
" "	Ed J Zimmerman	✓2		3.45	.24	12.64	16.33
" "	Mrs. Ann R Morsell	✓2		8.63	.60	31.60	40.83
" "	Wm P Morsell	✓2		17.64	1.23	64.59	83.64
		✓2		3.36	.23	12.42	16.01
							395.20 [subtotal]
April 1	David Agnew	✓5		2.27	.16	8.33	10.76
" "	W^m. Kabrick	✓1		1.41	.10	5.15	6.66
" "	Edwin Devilbiss	✓	Clerk Elec 6.00				
" "	Jos C Cramer	✓	Fireman Jail 29.16				
	Jacob Snyder	✓13		9.32	.66	34.41	44.39
	Mahula Snyder	✓11		1.95	.14	7.15	9.24
	Arthur H Cromwell	✓11		2.60	.18	9.50	12.28
	Miriam A Webb wif of Geo	✓2		.44	3	1.59	2.06
	Thomas Wiles	✓3		1.72	.12	6.30	8.14
	Mrs. L K Ruse	✓2		.18	1	.65	.84
			35.16 [subtotal]				94.37 [subtotal]

date	name	district	disbursements	state	interest	County	total
1889	[258 & 259]					94.37 [subtotal]	3.34
Apl 1	Mrs. Ann R Zacharias	✓2		14.57	1.02	53.35	68.94
" "	Thomas J Bowhan	✓8		.71	5	2.60	3.36

1889 List of Taxpayers of Frederick County, Maryland

		name	district	disbursements	state	interest	County	total
"	"	Mrs. Mary C Getzbaugh	√2		2.08	.15	7.64	9.87
"	"	John Long	√2		.21	.01	.78	9.00
"	"	" "	√14		5.34	.46	26.04	31.84
"	"	John T Gaver	√6		11.54	.81	42.26	54.61
"	"	Susanna Vansant	√8		1.55	.11	5.69	7.35
"	"	John M Vansant	8	part				2.85[65]
"	"	John C Kauffman	2	part				2.00
				35.16 [subtotal]				276.19 [subtotal]
2		John W Castle	√3		.86	6	3.15	4.07
"	"	" "	√14		7.10	.5	26.00[smeared]	33.60
"	"	Mary J Castle	√3		1.32	.10	4.83	6.25
"	"	John M Whitmore	√2		8.43	.59	31.01	40.03
"	"	Resin J Castle	√3		2.42	.17	8.84	11.43
"	"	John Elgin	√18		.44	3	1.63	2.10
"	"	" "	√19		.44	3	1.63	2.10
"	"	Thomas J Kolb	√11		2.59	.18	9.46	12.23
"	"	Mrs. Anna Beall	√3		.22	2	.81	1.05
"	"	Clasantha O Castle	√3		1.46	.09	5.34	6.89
								119.75 [subtotal]

date	name	district	disbursements	state	interest	County	total
1889	[260 & 261]						119.75 [subtotal]
April 2	Geo S Bishop	√11		1.95	.14	7.15	9.24
" "	Joseph D Green	20	part				25
" "	John C & C W Boyer	√12		13.58	.95	49.73	64.26
" "	Mrs. Leah Broadbeck & Mrs. Stover	√11		2.42	.17	8.86	11.45
" "	Richard E Anderson	2	part				2.50
" "	Charles W Gilbert	√17		5.05	.36	18.69	24.10
" "	Susan Cramer	√13		1.51	.11	5.53	7.15
" "	Mrs. Jno. E Stambaugh	√11		3.84	.25	14.04	18.13
" "	Robert Dean	√9		5.75	.40	21.06	27.21
" "	Josephine Rogers	√2		5.35	.37	19.56	25.28
" "	W. Geo. M. Harbaugh	√11		2.91	.19	10.67	13.77
" "	Joseph Whitmore	√5		1.07	.07	3.90	5.04

[65] 354 written vertically in margin

1889 List of Taxpayers of Frederick County, Maryland

"	Frederick Whitmore		√5		3.99	.29	14.59	18.87
"	" C " Gd		√5		.96	.06	3.49	4.51
"	Mary A Jones		√9		4.30	.30	15.76	20.36
"	Frank Jones		√9		.41	2	1.48	1.91
"	Hilleary Bruce & wf|	√14		.46	3	1.69	2.18
"	Thomas A Moxley		√7		.48		1.74	2.22
"	" "	Scalps	√	3.25				
"	Abram S Diehl		√17		3.17	.22	11.59	14.98
								417.91 [subtotal]
								9.78

date	name		district	disbursements	state	interest	County	total
1889	[262 & 263]			3.25 [subtotal]				417.91 [subtotal]
Apl 2	Jacob Smith		√4		2.92	.20	10.70	13.82
"	Joseph A Miller	Scalps	√	3.15				3.13[66]
"	Isaac S Russell		√11	Bal	.69		2.44	37.49
"	" "	coffin act	√9	37.50	10.24		37.50	472.35 [subtotal]
				43.90 [subtotal]				
" 3	Geo H Baltzell		√2		.18	1	.65	.84
" "	Wm Burgess	Janitor	√2	33.33				
" "	Harriet Walker		√2		1.53	.10	5.59	7.22
"	Geo. W Cutsail		√2	Bal	2.64	.16	9.66	8.46
"	Mrs. Sarah E Feaster		√14		.27	2	.98	1.27
"	Wm F Hemp		√14		1.19	9	4.36	5.64
"	David Johnson		√17		5.46	.37	19.98	25.81
"	George Works		√12		.62	.04	2.28	2.94
"	Jeremiah Fox	Miss	√	4.00				
"	" "	wit	√	.33				
				37.66 [subtotal]				
"	E L F Baker		√11		1.57	.10	5.76	7.43
"	Jeremiah Fox		√17		3.38	.16	12.38	15.92
"	Margaret E Lantz		√10		.36	.02	1.31	1.69
"	Charles E Wise		√3		1.58	.10	5.38	7.51
								84.73 [subtotal]
								5.64

---

[66] 122 written vertically in margin

1889 List of Taxpayers of Frederick County, Maryland

date	name	district	disbursements	state	interest	County	total
1889	[264 & 265]		37.66 [subtotal]				84.73 [subtotal]
Apl 3	Mrs. Geo. H Hickman	✓1		.18	1	.65	.84
" "	Miss Nellie Duvall	✓1		1.42	.10	5.20	6.72
" "	E G Harris	✓7		2.33	.16	8.53	11.02
" "	Lucinda Corick	✓3		1.46	.10	5.36	6.92
	Lewis E Thomas	✓1	Bal	30.24	1.47	110.72	100.24
	John B Thomas	✓1		40.36	2.82	147.82	191.00
	" "	✓9		8.06	.56	79.52	38.14
	Dr. Jos. C Cockey	✓11		18.61	1.29	68.16	88.06
	Jas. C Clark (J B Thomas agt)	✓1		23.68	1.65	86.72	112.05
	Mrs. John Lutz	2	Part				13.65
	Dr. Jos. C Cockey Chas. G Thomas	20	part	.26		.96	1.22
	Simon W Stouffer	✓13			.90	47.34	61.17
	" "	✓8			1	.78	1.00[67]
	Chas G Thomas	✓20	Bal		.14	7.61	8.70
4			37.66 [subtotal]				725.46 [subtotal]
	David T Lakin	✓14			.76	39.61	51.19
	John H & D T Lakin	✓14			.15	8.06	10.41
	President & Directors West M R R	✓15			5.55	370.25	376.80
	P A Hagan	✓3			20	10.14	13.11
	Glenn H Worthington	Pub School	1000				451.54 [subtotal]

date	name	district	disbursements	state	interest	County	total
1889	[266 & 267]		1000.00 [subtotal]				451.54 [subtotal]
April 4	John Roles	✓2 col		.36	.02	1.30	1.68
" "	Mary Crimmins	✓2		2.04	.13	7.48	9.65
	Wm J Baltzell	✓15		.37	2	1.37	1.76
	Benjamin Iler	✓11		7.95	.56	29.10	37.61
	" "	✓17		.43	2	1.99	2.01
	Geo F Lock	✓11		.44	.03	1.60	2.07
	Mary Jane Hill	✓19		.62	.04	2.28	2.94
	Clayton R Devilbiss	✓18		.55		2.04	2.59
	Ephraim Eyler	✓8		1.02	7	3.74	4.83
	Charles Price	✓7		10.01	.70	36.65	47.36

[67] 4554 written vertically in margin

1889 List of Taxpayers of Frederick County, Maryland

	name		district	disbursements	state	interest	County	total
	M P Hagan		√2		1.67	.11	6.09	7.87[68]
	David J DeGrange		√3		7.52	.53	27.50	35.55
	W^m. Palm	col	√17		.22		.81	1.03
	M			1000 [subtotal]				608.49 [subtotal]
	Mary A. Flowers		√2		7.07	.30	12.92	20.29
								628.78 [subtotal]
	Abraham Myers		√5		.62	3	2.28	2.93
" 5	John A DeGrange		√1		13.14	.96	48.11	62.21
" "	" "		√2		.28	.02	1.04	1.34
" "	Lewis Stunkle		√1		3.95	.25	14.43	18.63
								85.11 [subtotal]

date	name		district	disbursements	state	interest	County	total
1889	[268 & 269]							85.11 [subtotal]
April 5	Chas Hamilton Lindsay	Reg of Will	√	64.97				
" "	Moses Boone	col	√2		.53		1.95	2.48
" "	Chas W Keller		√3		7.81	.51	28.09	36.91
" "	Jacob P Keller		√3		5.33	.39	19.50	25.23
" "	Sarah J Keller		√3		2.47	.18	9.04	11.69
" "	Elijah Davis		√9		.44	.03	1.63	2.10
	Moses H Snyder		√16		6.60	.46	24.15	31.21
	John A Horine		√12		21.23	1.51	77.73	100.47
	Amos Horine		√12		.58	3	1.95	2.51
	Mrs. Frances E Horine		√12		2.22	.16	8.13	10.51
	Thomas Darner & wife		2	Part				2.00[69]
	Peter Price	cold	√14		.33	2	1.19	1.54
	Solomon Gartrell		√18		1.09	8	3.99	5.16
	Dennis Ramsburg		2	Part				1.31
				64.97 [subtotal]				318.22 [subtotal]
" "	Adam L Jacobs		√13			.60	39.81	40.41
" "	Mary Lease		√13		.42	.02	1.53	1.97
" 6	E W Mercier		√14		.89	.07	3.25	4.21

---

[68] 6752 written vertically in margin

[69] 4532 written vertically in margin

1889 List of Taxpayers of Frederick County, Maryland

			Inquest[70]				
" "	W A Long		✓	20		5.85	7.56
" "	Clara & Fannie Heffner		✓2		.11		54.15 [subtotal]
				20.00 [subtotal]	1.60		

date	name		district	disbursements	state	interest	County	total
1889	[270 & 271]							54.15 [subtotal]
Apl 6	Gideon Staley		✓2		2.17	.12	8.16	10.45
" "	Elias Renner		✓11		2.31	.16	8.45	10.92
" "	" "		✓20		.98	.06	3.59	4.63
				20.00 [subtotal]				80.15 [subtotal]
" "	8 John F & Geo. W Horine		✓16		25.42	1.89	93.11	120.42
" "	Valley Savings Bank Fred Co.		✓			.26	17.03	17.29
" "	Philip F Gaver		✓16		1.82	.13	6.64	8.59
" "	Worman & Ridenbaugh		✓1		.36	.02	1.30	1.68
" "	Ann McLanahan		✓2		4.08	.29	14.95	19.32
" "	Joseph D Stone		✓2		1.60	.10	5.85	7.55
" "	John Gardner		✓3		.63	.04	2.31	2.98
" "	Elizabeth Smith wife of Jacob		✓3		.94	.06	3.45	4.45
" "	Benjamin Carty		✓16		.75	.04	2.76	3.55
" "	Catherine Worthington		✓7		4.80	.41	17.58	22.79
" "	Wm Mulligan		✓13		.30	.02	1.10	1.42
" "	Fredk Pilling		✓8		6.49	.49	23.79	30.77
" "	Joel Hall		✓9		3.20	.28	11.70	15.18
" "	M H Rhoderick		✓1		.28	.02	1.03	1.33
" "	J Franklin Thomas[71]		✓14		1.78	.12	6.50	8.40
								265.72 [subtotal]
								6.78

date	name		district	disbursements	state	interest	County	total
1889	[272 & 273]							265.72 [subtotal]
April 8	Amanda E Sigler	Gdn	✓3		.89	.06	3.25	4.20
" "	" "		✓3		1.59	.11	5.82	7.52

---

[70] & Certificate

[71] Trust of Ann R Rhoderick

1889 List of Taxpayers of Frederick County, Maryland

	name		district	disbursements 2.00 [subtotal]	state	interest	County	total
" "	Daniel Carpenter	col	√12		.62	.04	2.28	2.94
" "	Laurence A Duple		√15		1.25	.07	4.56	5.88
" "	James H Fraley		√15		.98	.05	3.58	4.61
" "	Vincent J Eckenrode		√15		11.75	.85	45.00	55.60
" "	Lydia Graves		√12		.29	.02	1.07	1.38
" "	Thomas Winter		√12		1.24	.06	4.55	5.85
" "	Wm J Molesworth		√18		3.91	.30	14.30	18.51
" "	Samuel Kesselring		√6		4.99	.35	18.26	23.60
" "	Catherine Brunner wife of Levi		√6		.70	.05	2.57	3.32
" "	Mary Berry	col	√2		.57	.03	2.08	2.68
" "	Charles Castle of Jos		√3		.55	.03	2.04	2.62
" "	Samuel Hoover		√6		6.09	.45	22.30	28.84[72]
" "	Jacob S Perry		√13		4.34	.32	15.88	20.54
								453.81 [subtotal]
9	Charles A. Barger		√12		1.24	.09	4.55	5.88
	Samuel Moser		√16		.77	.05	2.82	3.64
	Geo D Norris	Axeman Miss		2.00				
	Mrs. Eve Routzahn		√16		2.57	.17	9.39	12.13
	Susan Lewis	cold	√13		.22	.02	.81	1.05
								22.70 [subtotal]

date	name		district	disbursements	state	interest	County	total
1889	[274 & 275]							22.70 [subtotal]
April 9	Andrew Alexander		√19		7.57	.53	27.69	35.79
" "	Geo W Blickenstaff		√6		.75	.05	2.73	3.53
" "	Laurence Bentz		√2		26.72	2.03	98.23	126.98
" "	John L Mitler		√16		.75	.06	2.76	3.57
" "	Bernard S Duvall		√2		.79	.05	2.89	3.73
" "	Samuel J Warner		√8		.29	.02	1.07	1.38
" "	Isaac Burgee	col	13	part				2.50
" "	Levin Hurley		√6		1.76	.12	6.42	8.30[73]
" "	Mary Jane Jones	Pen	√	5.00				
" "	Charles E Daugherty		√11		10.51	.81	38.51	49.83

---

[72] 592 written vertically in margin

[73] 464 written vertically in margin

1889 List of Taxpayers of Frederick County, Maryland

				7.00 [subtotal]				258.31 [subtotal]
"	10	Wm Shook		✓20		1.66	.10	6.07	7.83
"	"	Geo. W Cramer		✓20		.94	.06	3.40	4.40
"	"	John Albaugh of Danl		✓11	Bal	3.39	.15	12.42	1.46
"	"	Catherine Hail		✓14		.89	.06	3.25	4.20
"	"	Peter McBride		✓3		.27	.02	.98	1.27
"	"	Albert T Martz		✓9		4.26	.33	15.60	20.19
"	"	Martha A & Mary E Bowlus		✓2		.98	.06	3.58	4.62
"	"	Dr. Ed Bowlus		✓2		9.76	.75	35.75	46.26[74]
"	"	Sophia Bowlus Heirs		✓3		.62	.03	2.28	2.93
"	"	Hiram S Stevens		✓3		1.15	.08	4.23	5.46
									98.62 [subtotal]

date	name		district	disbursements	state	interest	County	total
1889	[276 & 277]							98.62 [subtotal]
April 10	~~Samuel W Kahle~~		✓3		1.83	.12	6.70	8.65
"	"	Geo. F Miller		✓4		3.72	.26	13.64	17.62
"	"	Margaret A Dorsey		✓9		2.31	.17	8.45	10.93
"	"	Mrs. Laura V Geiselman		✓17		9.34	.73	34.22	44.29
"	"	Simon P Eccard		✓10		.60	.04	2.19	2.83
"	"	H Levi Brandenburg		✓6		5.30	.40	19.40	25.10
"	"	Sophia Christ		✓16		1.17	.08	4.27	5.52
"	"	Sarah E Brown		✓16		.44	.03	1.63	2.10
"	"	Lucy A Sein		✓8		4.09	.28	14.97	19.34
"	"	Andrew Levi Pittinger		✓11		.89	.06	3.25	4.20
"	"	David M Whip		✓3		24.85	1.92	90.98	177.75[75]
"	"	"		✓12		.53	.03	1.93	2.49
"	"	John Saylor	Trust.	✓3		.40	.02	1.46	1.88
									352.67 [subtotal]
"	11	Isabella Whaley		✓2		.33	.02	1.20	1.55
"	"	Dennis & Fleming Stewart		✓7		.68	.05	2.49	3.22
"	"	Henry Rippeon		✓13		.22	.02	.79	1.03
"	"	John H Nicodemus		✓19		1.42	.08	5.20	6.70

[74] 44 written vertically in margin

[75] 466 written vertically in margin

1889 List of Taxpayers of Frederick County, Maryland

	name		district	disbursements	state	interest	County	total
" "	John W Long		√3		1.40	.10	5.12	6.62
" "	Chas E Nicodemus		√19		3.52	.24	12.90	16.66
" "	Henry Baer	Scalps	√7	2.00	.60	.04	2.22	2.86
								38.64 [subtotal]
								2.32

date	name		district	disbursements	state	interest	County	total
1889	[278 & 279]			2.00 [subtotal]				38.64 [subtotal]
April 11	Sarah E Cookerly wife of C W Kell-		√3		1.78	.12	6.50	8.40
"	Lawson Schroyer		√6		2.68	.19	9.81	12.68
"	Lawson Schroyer		√16		.18		.65	.83
"	Frederick S Clary		√18		.78		2.84	3.62
"	Jas B Clary	Adm Rec acct	√1	42.00				
"	Cornelius H Black		√15		18.43	1.43	67.49	87.35[76]
"	Catherine Adams		√2	Bal	16.05	.22	58.75	14.61
				44.00 [subtotal]				166.13 [subtotal]
" 12	Jeremiah Brashears		√18		4.74	.37	17.34	22.45
"	Patrick Ambrose	col	√1		.62	.03	2.27	2.92
"	Wesley Naylor	col	√7		1.45	.10	5.32	6.87
"	Rev Wm Simonton		√5		.99	.07	3.64	4.70
"	Philip Brown		√8		.64	.05	2.36	3.05
"	Robert S Ranneberger		√1		3.14	.22	11.49	14.85
"	Chas W Thompson		√9		4.44	.31	16.25	21.00
"	Anna Belle Metzger		√11		.53	.04	1.95	2.52
"	Geo R Wison		2	part				5.00[77]
"	Elias Fisher		√2		.54	.03	1.98	2.55
"	Mrs. E Brown		√2		1.07	.08	3.90	5.05
								90.96 [subtotal]

date	name		district	disbursements	state	interest	County	total
1889	[280 & 281]							
April 12	Simon D Bitler		√13		.89	.06	3.25	4.20
" 13	Jacob Smith		√5		2.52	.20	9.21	11.93

---

[76] 243 written vertically in margin

[77] 344 written vertically in margin

1889 List of Taxpayers of Frederick County, Maryland

date	name		district	disbursements	state	interest	County	total
"	Joseph Snouffer		√5		14.30	1.00	52.38	67.68
"	George Bishop		√5		3.42	.25	12.59	16.27
"	S R Grinder		√5		1.87	.15	6.83	8.85
"	Elias Hollenberry		√5		.69	.06	2.53	3.28
"	B Koontz Heirs		√5		.89	.07	3.25	4.21
"	A H Maxell		√5		12.31	.95	45.08	58.34
"	Robert Hockensmith		√5		7.34	.56	26.80	34.76
"	Mary & Sarah Hockensmith		√5		1.99	.16	7.28	9.43
"	Mary Duple		√1		.83	.06	3.04	3.93
"	S Q Eyler		√2		.33	.01	1.18	1.52
"	David Morgan		√16		1.73	.12	6.32	8.17
"	Chas E Feaga		√2		3.75	.29	13.73	17.77
"	Samuel T Whip		√1		12.60	1.01	46.12	59.73
"	" "		√7		8.63	.70	31.59	40.92
"	Henry Miller		√2		4.27	.33	15.63	20.23
"	Alice Trundle		√1		.98	.07	3.58	4.63
"	C E Saunders		√7		3.49	.28	12.79	16.56
"	Cecelia R Hendrickson		√7		.53	.03	1.94	2.50
								394.91 [subtotal]
								10.10 8

date	name		district	disbursements	state	interest	County	total
1889	[282 & 283]							394.91 [subtotal]
April 13	John R Hendrickson		√7				.96	1.22
" "	Ephraim Hendrickson		√7		2.10	.16	7.69	9.95
								406.08 [subtotal]
" 15	David Oland		√1		.45	.02	1.66	2.13
" "	Mrs. M E Rice		√14		.53	.04	1.95	2.52
" "	Conrad Ruland		√2		6.63	.53	24.25	31.41
" "	Jno A Cramer		√2		1.41	.10	5.17	6.68
" "	David Cover		√15		3.84	.29	14.05	18.18
" "	Jacob H Cover		√15	Bal	1.60		5.86	3.46
" "	" "	wit	√	.33				
" "	Emeline Mathews	col	√2		.44	.03	1.59	2.06
" "	Henry Valentine		√8		.55	.03	2.02	2.60
" "	Mrs. Sophia Schley wid of B H		√2		4.79	.38	17.55	22.72
" "	Lewis H Doll		√2		.53	.02	1.95	2.50
" "	James Graham		√1		2.02	.16	7.41	9.59

1889 List of Taxpayers of Frederick County, Maryland

date	name		district	disbursements	state	interest	County	total
"	Mrs. Nettie C Atlee		✓11		3.07	.24	11.23	14.54
"	Augustus Clem		✓13		1.42	~~.08~~	5.20	6.70 .62[78]
"	" "		✓20		.21		.78	.99
"	Dr. Richard Hammond	Print act	✓	3.90				126.00 [subtotal]
"	" "	Inquest	✓	5.00				
"	" "	wit	✓	2.00				
				11.23 [subtotal]				

date	name		district	disbursements	state	interest	County	total
1889	[284 & 285]			11.23 [subtotal]				126.00 [subtotal]
April 15	Dr. R T Hammond		✓11		5.64	.28	20.68	26.60
" "	Sarah C Routzahn wid of J B		✓3		2.17	.17	7.93	10.27
" "	John J Krom		✓11		1.78	.14	6.50	8.42
								171.29 [subtotal]
" 16	Clarence B Stottlemyer		6	part				30.00
" "	Robert S Delauter		✓3		.25	.01	.91	1.17
" "	Samuel Delauter		✓3		19.53	1.59	71.50	92.62
" "	Isaac M Fogle	scalps		.35				
" "	N D Renner	"		.35				
" "	Clayton S Cramer	"		4.20				
" "	Lydia Krise wife of Wm		✓11		1.07		3.90	4.97
" "	Adam Roser		✓11		.93		3.41	4.84
" "	John H Rozer [corrected to Rouzer]		✓15		5.35	.33	19.57	25.25
" "		clerk of Elec	✓	6.00				
" "	Joshua Stokes		✓15		2.91	.22	10.65	13.78
" "	F M Grimes		✓11		.30		1.08	1.38
" "	Miss Maria A Grimes & sister		✓11		1.95	.16	7.13	9.24
" "	John W Kaufman		✓2		.18		.65	.83
" "	Mrs. Mary Eyler		✓15		11.11	.86	40.69	52.66
" "	" "		✓16		2.17	.17	7.93	10.27
" "	Caroline Saylor		✓11		2.87	.23	10.52	13.62
				10.90 [subtotal]				260.13 [subtotal]
								4.66

---

[78] 675 written vertically in margin

1889 List of Taxpayers of Frederick County, Maryland

date 1889	name [286 & 287]		district	disbursements	state	interest	County	total
April 16	H A Schildknecht	scalps		10.90 [subtotal]				260.13 [subtotal]
" "	" "		√3	2.00	13.11	1.02	48.00	62.13
" "	Chas E Wise & Martin L & Danl Smith		√3		.83	.05	3.02	3.90
" "	Solomon Beard		√11		5.98	.49	21.87	28.34[79]
" "	Samuel Thomas		√1		6.82	.55	24.95	32.32
								386.42 [subtotal]
" 17	George Winter		√5		4.42	.34	16.19	20.95
" "	Jas A Rowe		√5	Bal	9.26	.55	33.90	33.71
" "	Elias Harbaugh of J		√10		2.94	.25	10.76	13.95
" "	Elias T Singer		√17		1.82	.14	6.67	8.63
" "	Henry E Stunkle		√1		1.15	.08	4.23	5.46
" "	Robert Moffitt		1	part				26.83
" "	Miss M E McCleery	wit	√7		.74	.05	2.70	3.49
" "	Col Jno. B Thomas		√	1.00				
" "	Jacob M Huffer	Gdn	√3		18.59	1.52	68.10	88.21
" "	" "		√3		1.10	.08	4.01	5.19
" "	Peter Fogle of David		√17		.28	.02	1.03	1.33
" "	Richard C Mercier		√14		.89	.06	3.25	4.20
" "	Mary O Worman		√2		.37	.02	1.33	1.72
" "	Margaret Bost		√1		1.14	.08	4.17	5.39
" "	Maria Kefauver		√3		.22	.02	.81	1.05
								220.11 [subtotal]
								6.76

date 1889	name [288 & 289]		district	disbursements	state	interest	County	total
April 18	E J Winebrenner		√7		.89	.06	3.25	4.20
" "	Chas A Damuth		√5		7.97	.64	29.17	37.78
" "	Susan Pearl		√15		6.90	.56	25.23	32.69
" "	Wm Valentine		√15		.83	.04	3.03	3.90
" "	Mrs. Catherine A Virtz		√11		4.30	.35	15.75	20.40
" "	Harry Snowden	Scalps	√14	.35	.36	.02	1.30	1.68

---

[79] 1211 written vertically in margin

1889 List of Taxpayers of Frederick County, Maryland

date	name	district	disbursements	state	interest	County	total
" "	Jas. E Abrecht	√2		.93	.07	3.41	4.41
" "	Chas C Cramer	√13		5.89	.30	21.55	27.74
" "	Thos. E Molesworth	√2		3.16	.24	11.56	14.96
" "	Saml Socks	√2		1.15	.10	4.42	5.67
" "	Eugene E Houck	√13		1.37	.10	5.03	6.50 159.93 [subtotal][80]
" "	Michael Kramer	√2		1.15	.08	4.23	5.46
" "	Mrs. Geo. W Cromwell	√2		.18		.65	.83
							166.22 [subtotal]
" 19	John H Toms	√16		16.26	1.38	59.54	77.18
" "	Joseph White	√1		37.19	3.13	136.17	176.49
" "	B F White & Bro	√1		2.26	.18	8.28	10.72
" "	Joseph N & Walter W White	√7		79.00	.05	2.88	3.72
" "	John W Jones	√9		.97	.07	3.50	4.54
							272.65 [subtotal]
							12.22

date	name	district	disbursements	state	interest	County	total
1889	[290 & 291]						272.65 [subtotal]
April 19	Daniel V Harp	√16	Gdn	.53	.03	1.95	2.51[81]
" "	Grafton Clay	√9		3.30	.30	12.05	15.65
							290.81 [subtotal]
" 20	Anna R Welty	√2		2.16	.17	7.92	10.25
" "	James R Farrell	√12		21.62	1.83	79.18	102.62
" "	Hezekiah Putman	√16		.22	.02	.81	1.15
" "	Jacob Late	√4		11.80	1.00	43.21	56.01
" "	Chambers J Creager	√15		1.99	.18	7.28	9.45
" "	Marion Owens	√9		6.30	.53	23.08	29.91
" "	Henry Nelson	√13		7.67	.56	20.11	36.34
" "	Jacob Summers of J	√16		3.04	.24	11.12	14.40
" "	Dr. Nathan Nelson	√17		.99	.07	3.61	4.67
" "	Henry Nelson	√	clerk of Elec				6.00
" "	George Getzbaugh	√2		2.49	.17	9.10	11.76
" "	Geo H Brunner	√9		5.50	.48	20.12	26.10

---

[80] Amount inserted between lines

[81] 111 written vertically in margin

1889 List of Taxpayers of Frederick County, Maryland

	name		district	disbursements	state	interest	County	total
	Chas H O Fox		2	part	18.27	1.56	66.87	25.00
	William & Henry Krise		✓11		.36		1.30	86.70
" "	Krise		✓11					1.66
	Daniel O Krise		✓11		.82	.04	2.99	3.85
	Abraham Stoner		✓17		14.65	1.21	53.63	69.49
								489.36 [subtotal]
								7.75

date	name		district	disbursements	state	interest	County	total
1889	[292 & 293]							489.36 [subtotal]
April 20	Wm J Black		✓15		18.97	1.60	69.46	90.03
" "	Mrs. Elizabeth R Burkhart		✓2		.27		.98	1.25
" "	John M Vansant		✓8	Bal	1.50	.10	5.49	4.14
								584.78 [subtotal]
" 22	Jas. W Lyons		✓2		1.78	.17	6.50	9.45
" "	Lewis E Burke		✓2		.89	.08	3.23	4.20
" "	James A Weller		✓15		1.44	.12	5.28	6.84
" "	Council Moravian Church		✓15		1.29	.09	4.72	6.10
" "	Mrs. Oscar Shipley		✓18		3.99	.33	14.59	18.91
" "	Millard F Fink		✓3		1.42	.10	5.20	6.72
" "	Alice O Fink wife of M F		✓12		.33	.02	1.18	1.53
" "	Samuel Geiser		✓10		.50	.03	1.82	2.35
" "	Daniel L Gaylor		✓3		.32	.02	1.16	1.50
" "	Mrs. Henry H Smith		✓3		.53	.03	1.96	2.52
" "	Joseph H Bohrer		✓6		1.70	.12	6.21	8.03
" "	Augustus Arnold	Heirs	✓5		.43	2	1.56	2.01[82]
" "	Lebbeus Griffith Jr.		✓9		8.51	.68	31.18	39.37
" "	Glenn H Worthington	Treas Public school	✓	3808.66/100				109.53 [subtotal]

date	name	district	disbursements	state	interest	County	total
1889	[294 & 295]						
April 23	Henry T Ramsburg	✓4		1.95	.15	7.15	9.25
" "	Daniel S Radcliff	✓13		2.40	.19	8.78	11.37
" "	Emma V Rippeon	✓8		.61	.03	2.24	2.88
" "	John W Younkins	✓3		.90	.08	3.30	4.28

[82] 356 written vertically in margin

1889 List of Taxpayers of Frederick County, Maryland

"	Mrs. Charles M Boyles	✓1		.99	8	3.64	4.71
"	Thomas M Shafer	✓20		1.39	9	5.10	6.58
"	Mrs. Maria C Green	✓20		.78	5	2.86	3.69
"	Joseph D Green	20	Part				25.00
"	Nelson Freshour	✓15		2.19	.18	8.01	10.38
"	Wm H Hilleary	12	Part				4.00
"	J P Eccard	✓	.33		wit		
"	Jerry Hancock	✓	.33				
"	Julian Stem	✓10		1.64	.14	6.00	7.78
"	Charles Misener	✓	1.50				Scalps
"	Miss Sarah A Stevens & sister	✓19		5.88	.48	21.52	27.88
"	Joseph M Smith	✓8		16.31	1.43	59.74	77.48
"	"	17	Part				20.52
"	Mrs. Horine	✓16		8.21	.65	30.04	38.90
"	Geo W Horine[83]	✓16		6.58	.52	24.07	31.17
"	Jacob R Kline	✓1	Bal	31.78	1.52	116.36	93.52[84]
			2.16 [subtotal]				379.39 [subtotal]
							7.88

date	name	district	disbursements	state	interest	County	total
1889	[296 & 297]		2.16 [subtotal]				379.39 [subtotal]
April 23	Wm W Buhrman	✓15		6.26	.50	22.92	29.68
" "	Mrs. Catherine Hough	✓17		.85	6	3.12	4.03
" "	Mahlon K Wolf	✓6		1.62	.12	5.92	7.66
" "	Jonathan U Kline		1.05				scalps
" "	Joseph Smith	✓10		1.26	.10	4.64	6.00
" "	Henry Leidy	✓10		.21	1	.78	1.00
" "	Magdalenia Biddinger	✓17		1.48	.09	5.43	7.00
" "	Tho.s F Lambert	✓2	Bal	4.44	.24	16.25	14.31
" "	Tho.s E Geisinger	✓11		.57	.02	2.11	2.70[85]
" "	Geo McGaha	✓12	3.21 [subtotal]	2.00	.14	7.33	9.47

---

[83] above Geo. is written John H

[84] this is one of those glaring entries where the amounts don't add up

[85] 336 written vertically in margin

1889 List of Taxpayers of Frederick County, Maryland

date	name	district	disbursements	state	interest	County	total
" "	John T Best	√2		32.97	2.89	120.74	461.24 [subtotal] 156.60
24	Jesse Morningstar	√17		2.00	.17	7.33	9.50
	John H Castle	√6		.19	2	.68	.89
	John J Basford	√7		1.18	.10	4.33	5.61
	Cha[s] H Senseny	√17		11.57	1.03	42.37	54.97
	Catherine S Cronise	√9		2.20	.18	8.05	10.43
	Geo W Barrick	√4		15.33		56.11	71.44
	" "	√	Register acct				309.44 [subtotal]

date	name	district	disbursements	state	interest	County	total
1889	[298 & 299]		70.50 [subtotal]				309.44 [subtotal]
April 24	B F Hildebrand	√11		5.38	.45	19.68	25.51
" "	Elias Speake	√4		.51	.03	1.84	2.38
" "	Cha[s] Goldsborough	√11		14.83	1.27	54.32	70.42
" "	John Holter	√	scalp .35				
			70.85 [subtotal]				407.75 [subtotal]
25	Charles Baumgardner	√2		2.42	.20	8.85	11.47
" "	John J Main	√2		.78	6	2.86	3.70
" "	L C Mullinix	√	.50				
" "	Lewis P Ramsburg	√11	Bal	15.88 3.01	.82	58.14 11.00	14.01
" "	John L McMasters	√8		6.21	.56	22.75	29.52
" "	Thos. S Kennedy	√2		.18	2	.65	.85
" "	Lawson H Summers	√3		9.76	.87	35.73	46.36
" "	Jennetta Shriver	√17		1.87	.15	6.83	8.85
							114.76 [subtotal]
	~~John J Bradshaw~~	9		~~.93~~	~~7~~	~~3.40~~	~~4.40~~
26	Maurice Jones	√13		6.32	.56	23.16	30.04
	Improvement Land & Building Association	√2		4.91	.43	18.01	23.35
							53.39 [subtotal]

date	name	district	disbursements	state	interest	County	total
1889	[300 & 301]						
Apl 27	Lewis P Shriver of C	√5		9.55	.79	34.96	45.30
" "	Harman L Gaver	√16		1.11	9	4.06	5.17
" "	Thomas O Dixon	13	Part				26.00

1889 List of Taxpayers of Frederick County, Maryland

date	name		district	disbursements	state	interest	County	total
" "	Edward Cramer		√13		1.34	.11	4.92	6.37
" "	Wm Kreig		√1		2.03	.17	7.45	9.60
" "	Ezra C Moser		16	Part				10.50
" "	Oliver Boyer		√3		9.90	.88	36.27	47.05
" "	Henry C DeGrange		√2		2.64	.20	9.67	12.51
" "	Mrs. Adeline Miles		√5		7.19	.68	26.33	34.20
" "	Mr. Wm L Duvall		√2		11.89	.95	43.55	56.39
" "	Geo W Markell		√15		.99	.10	3.64	4.73
	Harmon L Gaver	Clk Elec	√	3.00				[86]
" 29	Jonathan Keller		√1		.30	2	1.07	1.39
								259.21 [subtotal]
" "	Henry E Little		√2		.89	8	3.25	4.22
" "	Jane Grimes		√15		.71	6	2.60	3.37
" "	John Scadden		√6		.36	3	1.30	1.69
" "	Charles Wood		√9		10.38	.94	37.99	49.39
" "	David A Hoffman		√11		.93	8	3.41	4.42
" "	John W Wilson and wife		√6		.65	5	2.37	3.07
								66.16 [subtotal]
date	name		district	disbursements	state	interest	County	total
1889	[302 & 303]							66.16 [subtotal]
Apl 29	Daniel O Metz & wife	Clk Elec	√17	6.00	.80		2.93	3.73
" "	"		√1		.72	6	2.80	3.58
" "	Mrs. Harriet Lee		√14		2.17	.19	7.95	10.31
" "	Samuel Slifer		√19		.43	4	1.57	2.04
	Dennis Myers	cold						
	~~Albert Wittler~~							
	John H Working		√11		.74	6	2.70	3.50
	Lloyd M Koogle		√16		1.07	8	3.91	5.06
	Mary L Woolard		√15		.80	6	2.91	3.77
	John R Stoner		√15		37.90	3.32	138.78	180.00
	Mrs. Mary C Karn		√12		16.12	1.45	59.01	76.58
	Adelaide Close		√5		6.02	.53	22.05	28.60
	Geo J Renner		√11		9.22	.80	33.78	43.80
	Arthur McQuade		√3		.81	.07	2.96	3.84

---

[86] 445 written vertically in margin

1889 List of Taxpayers of Frederick County, Maryland

Richard S Austen		√7		.53	5	1.95	2.53
Daniel Staub		√17		.97	2	3.54	1.90
" "	R Damages	√	Bal				25.67
Mrs. Emily Whip		√	2.63				461.07 [subtotal]
J T Long [erased]		√7	8.63 [subtotal]	5.41	.45	19.81	36.85

date 1889	name	district	disbursements	state	interest	County	total
April 30	Singleton Woodard	√2		.98	.09	3.58	4.65
May 1	Henry Wolf of S	√10		1.59	.14	5.81	7.54
	Lloyd Sigler	√3		.62	5	2.28	2.95
	John Nusbaum of A	√19		1.67	.16	6.11	7.94
	Jos C Cramer	√1	Fireman at Jail 29.16				
	Eli Groff	√15		5.64	.52	20.66	26.82
	J W Davidson	√5		1.02	.09	3.74	4.85
	Mrs. Ellen Karn	√12		.84	7	3.93	4.00
	Geo T Karn	√12		1.31	.12	4.81	6.24
	Geo C Fisher	√1		5.95	.55	21.78	28.28
	Joseph S Moser	√15		.76	6	2.78	3.60
	Mrs. Lydia A Moser	√15		4.10	.38	15.02	19.50
	Catherine Boyer	√6		.22	.02	.81	1.05
	" "	√16		1.97	.18	7.22	9.37
	Ephraim Richmond	√8		4.86	.55	17.80	23.21
	Hannah Owings	√17		2.13	.20	7.80	10.13
	John W Grinder	√4		.80	7	2.93	3.80
	Mary M Grinder	√4	J W agt	1.52	.14	5.56	7.22
	J T C Long	√3		.58	5	2.13	2.76
			29.16 [subtotal]				173.91 [subtotal]
							9.86

date 1889	name	district	disbursements	state	interest	County	total
	[306 & 307]		29.16 Bal				173.91
May 1	Catherine Summers wif of Abram	√16		3.54	.27	12.97	13.93
" "	John A Haugh	√11		1.42	.13	5.24	6.75
" "	Albert & David Birely	√10		.85	.08	3.12	4.05
" "	Mrs. Margaret Dorsey	√15		.84	.06	3.09	3.99

111

1889 List of Taxpayers of Frederick County, Maryland

	name		district	disbursements	state	interest	County	total
"	Jacob Dorcus		11	part	5.20		19.03	60.00
"	Ann R Anderson		√7		2.02	.48	7.40	24.71
"	Mary J Dudrow		√13		.98	.18	3.58	9.60[87]
"	Elizabeth Hargett		√2		.99	3	3.63	4.59
"	John T Crouse		√2			.08		4.70
				29.16 [subtotal]				306.23 [subtotal]
" 2	J S Burrier		√13		.42	.04	1.51	1.97
"	Simon E Burrier		√13		.43	4	1.57	2.04
"	Absalom Burrier		√13		6.43	.60	23.54	30.57
"	~~Wm D Smith~~		~~10~~		~~1.31~~	~~.12~~	~~4.81~~	~~6.24~~
"	Mrs. Hape & Miss Ella Hape	Inquest	√	.66				
"	Hape	"	√	.33				
"	Walter D Wilson	Juror Inquest	√	.50				
"	Edward McIntire		√5		.51		1.85	2.36
"	Cha's H Seachrist		√11		12.30	1.15	45.04	58.49
"	Catherine S Roelkey		√11		1.64	.15	6.01	7.80[88]
"	George Sewell		√2		1.07	.10	3.90	5.07
				1.49 [subtotal]				108.30 [subtotal]

date	name		district	disbursements	state	interest	County	total
1889	[308 & 309]							
May 2	Henry Pampel		2	part				22.79
" 3	William Burgess	Janitor		33.33				
"	Wm L Culler		14	part				5.76
"	Hiram T Smith		√16		5.31	.50	19.43	25.24
"	Isaac H Haller		√2		1.76	.16	6.44	8.36
				33.33 [subtotal]				62.15 [subtotal]
" 4	Henry Pampell		√2	Balance	7.38	.69	27.03	12.31
"	Harry C Keefer		√	$700. 00/100				
"	Frank P Brennison	Montevue	√	3.00				
"	"	Clerk of Elec	√	3.00				
" 8	Thomas H Hammond	Miss	√8		20.66	1.98	75.61	98.25

---

[87] 364 written vertically in margin

[88] 432 written vertically in margin

1889 List of Taxpayers of Frederick County, Maryland

date 1889	name		district	disbursements	state	interest	County	total
" "	Eugenia Hammond		√8		.28	.02	1.01	1.31
" "	Susan H Hammond		√8		1.15	.10	4.18	5.43
				706.00 [subtotal]				117.30 [subtotal]
" "	John H Bell	col	√7		.39	.03	1.43	1.85
" "	Wm P Proctor	col	√7		.22	.02	.81	1.05
" 6	Wm H Esterly et al	Hawks	√	2.80				
" "	Mrs. Ann E Wilhide		√15		2.70	.24	9.91	12.35
" "	Ann Spaulding		√5		.71	.07	2.60	3.38
							.12	18.63 [subtotal]

date 1889	name [310 & 311]		district	disbursements	state	interest	County	total
May 6	Caleb H Grossnickle		√6	2.80 [subtotal]	3.91	.36	14.30	18.63 [subtotal]
" "	" "		√16		.75	.07	2.73	18.57
" "	Ada Sappington		√8		1.78	.16	6.50	3.55
" "	Martha E Douty		√18		3.55	.33	13.00	8.44
" "	Moses Douty		√18		1.37	.13	5.02	16.88
" "	Geo Shearer		√3		1.79	.17	6.53	6.52
								8.49
" "	W W Zimmerman	Clerk of Elec	4	6.00				6.00
" "	" "		√4	part				
" "	John W Martin		√5	8.80 [subtotal]	5.51	.38	20.18	87.08 [subtotal] 26.07
" "	Nathan White		√14		.41	.04	1.49	1.94
" 7	C A Cramer	col	√11		14.89	1.46	54.57	70.92
" "	Jacob Eigenbrode		15	Part				22.00
" "	Frederick A Stottlemyer		√6		1.90	.18	6.92	9.00
" "	Luther H Browning		√9		2.58	.24	9.41	12.23
" "	Chas E Slifer		√12		6.50	.60	23.81	30.91
" "	~~John Norton~~		2		.27		.98	1.25
" "	Wm H Scholl		√11	Bal.	10.68	.48	39.10	25.26[89]
" "	John W Bussard & wife		√2		.84	.09	3.09	4.02
								202.35 [subtotal]

date 1889	name [312 & 313]		district	disbursements	state	interest	County	total

---

[89] 233 written vertically in margin

1889 List of Taxpayers of Frederick County, Maryland

date	name			state	interest	County	
May 8	Mrs. Catherine Jackson	√5		1.01	9	3.70	4.80
" "	Wm Chambers	√2		.19		.68	.87
" "	Oliver M Clary	√18		1.42	.14	5.20	6.76
" "	Jacob Eigenbrode	√15	Bal	4.75	.47	17.37	.59
" "	Mary & Anna D Talbot	√9		.40	.04	1.47	1.91
" "	Addie Williams	√9		1.07	.10	3.90	5.07
" "	T P Sponseller	√2		1.02	.06	3.74	4.82
							24.82 [subtotal]
9	Mrs. Anne E Houck	√8		3.73	.35	13.65	17.73
" "	" Valena E Houck	√8		.88	.08	3.22	4.18
" "	" Elizabeth Fleming	√11		1.42	.12	5.20	6.74
" "	Peter Hankey	√4		7.19	.67	26.31	34.17
" "	Ezra Beachley	√3		12.70	1.27	46.53	60.50
" "	John W Whitehill	√19		2.21	.21	8.09	10.51
" "	"	√19		7.46	.74	27.30	35.50
" "	Thomas Paramore	√2		.36	.03	1.30	1.69
" "	Sarah J Abrecht	√2		.53	6	1.95	2.54
" "	Ed S Taney	√5		6.18		22.60	28.78
" "		√	Register				
" "	Wm H Staup	√4	85.00	1.25	.12	4.57	5.94
							208.28
							4.64

date	name			disbursements	interest	County	total
1889	[314 & 315]			85.00 [subtotal]			208.28 [subtotal]
May 9	Dr. M E Leatherman	√15		8.43	.80	30.38	39.61
" "	Geo W Crum	√13		.58	6	2.13	2.77
				85.00 [subtotal]			250.66 [subtotal]
10							
" "	Sarah Alexander	√12		.85	9	3.15	4.09
" "	Mrs. Marietta C Doub	√2		16.21	1.63	59.36	77.20
" "	Elizabeth Main	√3		1.57	.15	5.53	7.25
" "	Geo W Titlow	√2	Bal	2.17	.13	7.96	5.26
" "	Dr. H W Dorsey	√9		16.02	1.61	58.63	76.26[90]
" "	Henry M Keafauver	√2		3.59	.35	13.16	17.10
							187.16 [subtotal]

---

[90] 213 written vertically in margin

1889 List of Taxpayers of Frederick County, Maryland

date	name		district	disbursements	state	interest	County	total
" 11	Adam Rice		✓20		.48	.05	1.76	2.29
" "	Perry B McCleery		✓2		6.09	.61	22.30	29.00
" "	Morgan M Nicodemus		✓19		1.87	.19	6.83	8.89
" "	Sarah C Thomas		✓1		.62	7	2.28	2.97
" "	Citizens Gas Co.		✓2		33.73	.39	123.50	157.62
" "	Thos. J Claggett		✓12		16.28	1.67	59.64	77.59
" "	Mrs. Ann P Claggett		✓12		2.06	.20	7.56	9.82
" "	Margaret Sowers		✓12		.44	.04	1.63	2.11
" "	James H F--ney[91]		✓11		4.66	.47	17.06	22.19
								312.48 [subtotal]
" "	Dr. Saml F Heffner	wit	✓	1.00				25.44

date	name		district	disbursements	state	interest	County	total
1889	[316 & 317]							312.48 [subtotal]
May 11	Frederick Miller		✓14		1.67	.17	6.12	7.96
" "	"	Gdn	✓14		1.28	7	4.70	6.05
				1.00 [subtotal]				$326.49 [subtotal]
" 13	Charles Z T Wilhide		✓15		6.02	.62	22.04	28.68
" "	Wm E Kefauver		✓14		8.02	.74	29.37	38.13
" "	Samuel Stevens		✓8		1.85	.19	6.76	8.80
" "	John Shuff		✓10		.59	.05	2.15	2.79
" "	Henry Show		✓10		.18	.02	.65	.85
" "	Sol Biggs		✓19		.18	2	.65	.85
" "	Chas H Louisa & Susan Steiner		✓2		3.29	.33	12.03	15.65
" "	Ann E Steiner		✓2		4.62	.46	16.90	21.98
" "	H R Steiner & Bro		✓2		1.60	.15	5.85	7.60
								125.33 [subtotal]
" 14[92]	Peter Lugenbeel	Poleman		2.00				
" 14	Joseph Dorsey		✓9		.72	7	2.63	3.42
" "	John C Clark		✓7		2.00	.20	7.32	9.52
" "	Joseph P Burke		✓2		.80	.07	2.93	3.80
				2.00 [subtotal]				16.74 [subtotal]
" "	Richard Ridgely		✓13		.36	.03	1.30	1.69
" 15	John Main		✓2		2.05	.24	7.51	9.80

---

[91] Could be Furney

[92] Added in pencil

1889 List of Taxpayers of Frederick County, Maryland

	Jas. H Roberts		√8		1.43	.15	5.22	6.80
								35.03 [subtotal]

date	name		district	disbursements	state	interest	County	total
1889	[318 & 319]			2.00 [subtotal]				35.03 [subtotal]
May 15	Jesse T Clary		√19		11.40	1.19	41.69	54.28
" "	Emanuel Powell		√8		.25	3	.91	1.19
" "	Chas L Kline		16	part				14.00
" "	Wm L Culler		√14	Bal	2.56		9.36	3.25
" "	Geo R Joy		√14		.60	.06	2.24	2.90
" "	Jas. C & Jno. W Clark		√16		3.16	.33	11.58	15.07
" "	J W Clark		√6		.28	.03	1.04	1.35
" "	Joseph D Green		√20	Bal	3.16	.39	51.83	17.54
" "	Dr. J T Sim		√8		14.15	.09	8.94	11.46[93]
" "	" "	Agt	√8	2.00 [subtotal]	2.43	4	1.30	1.70
" "	" "	Miss	√	8.00	.36			157.77 [subtotal]
				10.00 [subtotal]				
" 16	Martin V Comfort		√6		.18	.02	.65	.85
" "	Dr. T E R Miller		√20		10.20	1.07	37.34	48.61
" "	Ephraim Delaplaine T E R Miller Exr		√4		3.99	.41	14.60	19.00
" "	William Winter		√11		4.99	.52	18.24	23.75
" "	Lucinda Holbrunner		√13		1.24	.13	4.55	5.92
								98.13 [subtotal]

date	name	district	disbursements	state	interest	County	total
1889	[320 & 321]						
May 17	Lewis S Clingan	√2		22.05	2.31	80.73	105.09
" "	Ed L Bruner	√2		.22	3	.79	1.04
							106.13 [subtotal]
" 18	Emanuel T Smith	√2		.38	.04	1.38	1.80
" "	Mary Smith	√2		.74	.07	2.70	3.51
" "	Joseph Bast	√2		.61	.06	2.25	2.92
" "	Joseph E Zimmerman	√2		1.44	.14	5.27	6.85
" "	Sarah A Fink	√2		3.00	.31	10.99	14.30
" "	W S Crummitt	√9		.53	.05	1.95	2.53

[93] 433 written vertically in margin

1889 List of Taxpayers of Frederick County, Maryland

date	name		district	disbursements 7.50 [subtotal]	state	interest	County	total
" "	Mrs. Augusta Bushey		√2		.27	.03	.98	1.28
" "	Margaret Eyler	Pen	√	10.00				
" "	Frances Feaster & Emma Fry wife of David		√14		7.46	.78	27.30	35.54[94]
" "	Silas J Barnes		√8		.38	.03	1.38	1.79
								70.52 [subtotal]
" 20	Zadock A Yingling	Gdn	√7		4.81	.51	17.61	22.93
" "	Joseph Carlin		√2		1.60	.16	5.85	7.61
" "	John Carlin		√2		4.62	.48	16.90	22.00
" "	Eliza Gilbert		√8		2.66	.28	9.75	12.69
" "	Allen L Kline		√2		.44	.04	1.63	2.11
" "	Chas E Cassell		√15		1.42		5.20	6.62
" "	Catoctin Clarion	Print act	√	7.50				73.96 [subtotal]
								2.21

date 1889	name [322 & 323]		district	disbursements	state	interest	County	total 73.96 [subtotal]
May 20	Rachel C Alexander		√3		.23	.02	.83	1.08
" "	Elizabeth Wagner		√3		.26	.03	.95	1.24
" "	Dr. Wm H Johnson & wife		√1		5.43	.59	19.89	25.91
" "	Ephraim Hood		√18		1.42	.14	5.20	6.76
" "	Chas. O Bittler		√11		.62	.05	2.28	2.95
" "	Catherine Bentz wife of Henry		√2		2.26	.23	8.29	10.78[95]
" "	George Winkleman		√2		2.34	.31	8.55	11.20
								133.88 [subtotal]
" 21	John Kuhn		√6		.44	.02	1.58	2.04
" "	Lewis Ramsburg		√3		2.13	.22	7.81	10.16
" "	Albert Wittler		√14		.46		1.65	2.11
" "	Eli Ott		4	part				38.06
" "	John T Ott		√4		11.25	.14	4.60	5.99
" "	John M Baker		√9		1.05	.11	3.84	5.00
" "	Cyrus B Manahan		10	part				5.80
" "	Joseph M Smith		√17		9.80	.86	35.88	26.02
" "	Mary Carter	col	√8		.18	.02	.65	.85

[94] 353 written vertically in margin

[95] 342 written vertically in margin

1889 List of Taxpayers of Frederick County, Maryland

date	name	district	disbursements	state	interest	County	total
" "	John F Clary	√18		7.49	.82	27.43	35.74
" "	Mary Wheaton	√3		.20	.02	.72	.94 [entry smeared]
" "	Mount Hope Retreat for[96]	√		37.50			132.71 [subtotal]
							4.44

date	name	district	disbursements	state	interest	County	total
1889	[324 & 325]						
May 22	Sarah Shawen Pen	√15	15.00	6.58	.34	24.08	31.00
" "	Wm J Cramer	√4		1.33	.12	4.88	6.33
" "	" " & son	√			1.29	69.95	71.24
" "	Mutual Ins Co. Fred Co.	√2		31.78	2.83	116.35	150.96
" "	David S Bussard	√6		.63	7	2.33	3.03
" "	David Delauter	√6		1.67	.18	6.08	7.93
" "	Andrew Alexander Jr.	√19		.30	.03	1.11	1.44
" "	Eugene Selby	√19		.37	.03	1.37	1.77
" "	Wm H Willard	√3		1.44	.14	5.26	6.84
" "	Julia A. Willard	√3		.71	.08	2.60	3.39
" "	W H & Francis V Willard	√3		11.11	1.24	40.69	53.04[97]
" "	Francis V Willard	√3		.72	.08	2.60	3.40
[erasure]			15.00 [subtotal]				340.37 [subtotal]
23	Woodsboro & Frederick Turnpike Co.	√14			2.16	86.58	88.74
" "	William Ecker	√12		11.02	1.22	40.39	52.63
" "	Hannah Garrott			.36	4	1.30	1.70
" "	Robert Moffitt	√1	Bal	21.08	1.72	77.16	73.13[98]
	Her[99]						216.20

date	name	district	disbursements	state	interest	County	total
1889	[326 & 327]						

---

[96] Incomplete

[97] 454 written vertically in margin

[98] obvious problem with this balance

[99] Incomplete

1889 List of Taxpayers of Frederick County, Maryland

date	name		district	disbursements		state	interest	County	total
May 24	Ezra C Moser		16	Bal		4.03	.38	14.74	8.65
" "	Charles Keyser		2			.95	.10	3.47	4.52
" "	Isaac Rice		2			.43	.04	1.56	2.03
" "	Mrs. Jacob Leatherman		6			4.64	.51	16.99	22.14
" "	John O Hays		6			3.13	.34	11.47	14.94
" "	M A E Biser		6			1.37	.14	5.01	6.52
" "	J H Merchant		12			4.93	.55	18.05	23.53
" "	Evan N Hobbs	scalps		1.75					[100]
" "		inquest		.50					3.50
" "	Mrs. Ann R Bartgiss		2			.75	.02	2.72	19.00
" "			2			3.98	.46	14.56	104.83 [subtotal]
				2.25 [subtotal]					
25	Milton G Rice		14			8.77	.98	32.11	41.86
"	~~Woodsboro & Frederick~~ Fred & Woodsboro T P Co.		14				.86	35.62	36.48
"	Ezra M Thomas		15			41.06	4.63	150.35	196.04
"	Albert Barton		11			1.97	.22	7.22	9.41
"	Samuel D Schildt		2			.64	.07	2.34	3.05
"	Daniel Sherer		13	Part		2.53	.29	9.26	12.08
"	S Theo. Stouffer		3	Part					67.01
"	Mathias S Ahalt								60.00
									425.93 [subtotal]

date	name		district	disbursements		state	interest	County	total
1889	[328 & 329]								425.93 [subtotal]
May 25	Biehl Whalen		9			.49	5 [101]	1.79	2.33
" "			2			2.08	.25 [102]	7.64	9.97
" "			12			16.48	1.93	60.33	70.73
" "	B H & Isaac Whalen		2			12.60	1.46	40.15	60.21
" "	Chas Nusbaum	court		2.25					577.17 [subtotal]
" "	Absalom Long		11			1.90	.18	6.96	9.04

---

[100] 234 written vertically in margin

[101] erasure in space

[102] erasure in space

1889 List of Taxpayers of Frederick County, Maryland

date	name	district	disbursements	state	interest	County	total
27	James R Roche	✓12		9.94	1.28	36.40	47.57
" "	Miss Eliza Mitchell	✓12		21.66	2.47	79.30	103.43
" "	Daniel M Hyder	✓17		.42	5	1.52	1.99
" "	Susan E Carmack	✓2		1.60	.17	5.85	7.62
			2.25 [subtotal]				169.65 [subtotal]
" 28	Emanuel L Ramsburg	✓20		6.68	.76	24.46	31.90
" "	Luther W Guyton	✓3		5.92	.68	21.67	28.27
" "	Mrs. Sarah Guyton	✓3		4.07	.47	14.87	19.41
" "	Charles L Klein	✓16	Bal	4.06	.12 [smudged]	18.85	5.46
" "	Hanson Boyer	✓3		6.77	.78	24.78	32.33
" "	" "	✓12		2.89	.33	10.60	13.82
" "	Junius W Baltzell	✓15		.58	7	2.15	2.80
" "	Geo H B Delauter	✓6		.44	5	1.64	2.13
							136.12 [subtotal]

date	name	district	disbursements	state	interest	County	total[103]
1889	[330 & 331]						136.12 [subtotal]
May 28	Lewis Crum	✓2		1.73	.20	6.32	8.25
" "	Henry C Foreman	✓15		8.08	.93	29.50	38.51
" "	Mrs. Lillie Fleagle	✓15		1.20	.14	4.39	5.73
" "	Geo F Kussmaul	✓2		1.12	.13	4.10	5.35
" "	Kussmaul Bros	✓2		1.42	.15	5.20	6.77
" "	Oliver Boyer	✓12		.43	5	1.56	2.04
" "	~~Joseph Stebes~~						
" "	Franklin E Koontz	✓2		.98	.11	3.54	4.63
							207.40 [subtotal]
" 29	Peter Houck Sr.	✓20		3.28	.35	11.80	15.38
" "	Joseph Radcliff	✓8		1.69	.17	6.19	8.05
" "	Mary E Hilleary wife of Thos	✓12		8.75	1.03	32.03	41.81
" "	~~Mary~~ Samuel Eicholtz	✓4		11.71	1.36	42.88	55.95
" "	" "	✓15		4.80	.56	17.60	22.96
" "	Edward Eicholtz	✓4		1.37	.16	5.03	6.56
" "	Enos Biser	✓3		.57	.06	2.10	2.73
" "	Geo T Goodman	✓2		.89	.10	3.25	4.24
" "	Noah Eccard	✓6		6.59	.76	24.14	31.49

[103] 39670 written at top of page

1889 List of Taxpayers of Frederick County, Maryland

	name		district	disbursements	state	interest	County	total
" "			√10		1.24	.13	4.55	5.92
" "	Victoria Carns		√15		.52	.05	1.87	2.44
								197.53 [subtotal]
								4.65

date	name		district	disbursements	state	interest	County	total
1889	[332 & 333]							197.53 [subtotal]
May 29	Mary Hammer		√2		2.75	.31	10.08	13.14
" "	L P Pomeroy		√1		.57	.06	2.11	2.74
								213.41 [subtotal]
May 30	Priscilla Hobbs		√9		.29	.03	1.05	1.37
	Henry Munshour		√8		2.76	.31	10.10	13.17
	A B McCaffrey		√9		14.46	1.68	52.94	69.08
								83.62 [subtotal]
June 1	Peter W Shafer		√3		4.00	.46	14.63	19.09
" "	Elizabeth Shafer	Heirs	√3		1.46	.15	5.37	6.98
" "	Malinda C Shafer		√3		.41	.03	1.50	1.94
" "	Montevue Hospital		√	1300.00				
" "	Alonzo Benner	Sheriff	√	500.00				
" "	Jos. C Cramer	Firemen at Jail	√	29.16				
	Chs A Heagy		√3		3.95	.46	14.44	18.85
	Eve Alice Dean		√2		8.93	1.04	32.70	42.67
	C H Dean		√14		1.23	.14	4.50	5.87
	~~Solomon Lizer~~		6	1829.16 [subtotal]	4			95.40 [subtotal]

date	name		district	disbursements	state	interest	County	total
1889	[334 & 335]							
June 3	W Scott Stevens		√3		.19		.70	.89
" "	Silas C Coblentz	Judge of Elec	√	6.00				
" "			√3		3.10	.21	11.35	14.65
	John Downey		√8		18.17	2.15	66.52	86.84
	Wm Kolb		√2		66.76	7.92	244.84	319.52
	do do		√9		9.76	1.16	35.75	46.67
	do do		√20		3.98	.39	11.56	15.93
	Jacob G Smith		√6		3.09	.37	11.29	14.75
	Caroline Palmer		√16		.62	.07	2.30	2.99
	Wm A Woodward	Const	√	7.80				~~4.92~~

1889 List of Taxpayers of Frederick County, Maryland

date	name	district	disbursements	state	interest	County	total
	Sarah V Burrier wife of Levi H	2	part	2.70		9.88	1.92
	Henry Fraley	√2		7.01	.31	25.68	12.89[104]
	M E G Plummer	√9		.40	.81	1.46	33.5
	Anna Gerlach	√2			.04		1.90
			13.80 [subtotal]				552.45 [subtotal]
" 4	Anthony Wickless	√2		1.10	.13	4.02	5.25
	H S B DeGrange	√1		1.10	.13	4.00	5.23
	Wm Burgess Janitor		33.33				
	Solomon Lizer	√6		.41	.04	1.48	1.93
	Lewis E Smith	√1		8.90	1.04	32.58	42.52
	Sarah A Kessler	√14		2.71	.38	9.95	13.04
							67.97 [subtotal]

date	name	district	disbursements	state	interest	County	total
1889	[336 & 337]						67.97 [subtotal]
June 4	Samuel Welty	√5		4.42	.52	16.19	21.13
" "	Samuel Ohler	√5		1.67	.20	6.11	7.98
" "	Edward Freed	√2		.58	.05	2.12	2.75
			33.33 [subtotal]				99.83 [subtotal]
" 5	Thomas L Miller	√2		.53	6	1.96	2.55
" "	Mary Ann Thomas	√14		.94	.10	3.43	4.47
" "	Basil J F Simpson	√9		3.41	.49	12.50	16.40
" "	Sarah P Nussbaum	√9		.69	.07	2.44	3.20
" "	Benjamin Williams	√17		.89	.10	3.25	4.24
" "	Mrs. Catherine Fout	√2		.27	.02	.98	1.27
" "	Wm J Fox	√15		.19	2	.68	.89
" "	John P Fox	15	part	1.07		3.91	4.38
" "	Wm H Hilleary	√12	Bal	3.55	.15	13.00	2.70[105]
" "	John Lee Chapman	√10		2.07	.22	7.59	9.88
							49.98 [subtotal]
" 6	Lucy Ramsburg & Susan Delashmutt	√2		27.09	3.26	99.18	129.53
" "	C W Brown Juror	√	.50				
" "	Jacob Dorcus	√8		1.99	.24	7.31	9.54

---

[104] 595 written vertically in margin

[105] 45 written vertically in margin

1889 List of Taxpayers of Frederick County, Maryland

		district		disbursements	state	interest	County	total
" "	James Wood	✓11		Bal	17.71	1.76	65.04	24.51
" "	" "	✓11			1.24	.14	4.55	5.93
" "	~~Dorcus & Shank~~	~~✓14~~		~~part~~				~~1.46~~
								169.51 [subtotal]

date	name	district		disbursements	state	interest	County	total
1889	[338 & 339]							
June 7	Tilghman A Willard	✓3			10.01	1.21	36.66	47.88
" "	Cha{s}. V C Sanner	✓2			12.60	1.52	46.11	60.23
" "	James J Fitzsimmons	✓1			30.07	3.64	110.09	143.80[106]
" "	Estey Feezer	✓15			.75	.09	2.77	3.61
								255.52 [subtotal]
" 8	John W Sparrow	14		part				3.00
" "	Elsworth Dayhoff	✓18			.52	.06	1.87	2.45
" "	W{m} T Rice	✓14			1.97	.23	7.24	9.44
								14.89 [subtotal]
" 10	Georgetta F Getzendanner wife of Sol	✓2			1.46	.17	5.36	6.99
" "	Margaret R Haller	✓2			1.99	.24	7.32	9.55
" "	M L Firestone	✓2			2.40	.29	8.78 [corrected]	11.47
" "	Times Publishing Co.	2		Part				10.00
" "	Joseph D Baker	✓2			40.01	4.84	146.49	191.34
" "	Geo T M Shuffler	✓2			.80	.11	2.93	3.84
								233.19 [subtotal]
" 11	Giles L Johnson	✓14	col{d}		2.68	.35	9.83	12.86
" "	Charles Schradle	✓2			1.58	.19	5.79	7.56
" "	Newton Fulton		scalp	.50				
" "	Geo M Isanogle	20		part				60.00
" "	Wm H Norris	✓3			3.12	.40	11.42	14.94
								95.36 [subtotal]

date	name	district		disbursements	state	interest	County	total
1889	[340 & 341]							
June 12	Geo R Wisong	2		part				5.00
" 13	John W Sparrow	✓14		Bal	.71	.09	2.60	.40

---

[106] 1211 written vertically in margin

1889 List of Taxpayers of Frederick County, Maryland

	name		district	disbursements	state	interest	County	total
	Wm H Dorsey of John		√5		.67	.09	2.46	3.22
	Ignatius W Dorsey		√9		17.46	2.22	63.91	83.59
	Ellen L Thomas		√3		1.05	.13	3.87	5.05
	John W Seachrist		√11		5.55	.71	20.32	26.58
	Saml Yingling		√15		.42	.05	1.53	2.00
	Justus Martin		√7		1.02	.04	3.74	4.80
	Peter Slukbier		√19		2.23	.28	8.17	10.68
	Chas E Mealey	wit	√	2.00				[107]
	John J Staup		√4	Bal	5.98	.42	21.88	18.28
				2.00 [subtotal]				159.60 [subtotal]
14	Wm R Walker		√2		3.33	.44	12.16	15.93
	Calvin A Rhodes		√2		2.13	.58	7.79	10.50
	R M McDuel	Judge of Elec	√12	12.00				
	" "		√12		20.34	2.27	74.46	97.07
	Michael McCaffrey		√8		.93	.10	3.40	4.43
15	Newton R Shaeffer		√1		2.31	.30	8.45	11.06
				12.00 [subtotal]				138.99 [subtotal]
date	name		district	disbursements	state	interest	County	total
1889	[342 & 343]	[108]						138.99 [subtotal]
June 15	John H Lighter		√3		19.47	2.48	71.30	93.25
	John A Ledwidge		√11		1.32	.17	4.82	6.31
								238.55 [subtotal]
" 17	Anna B Grabill		√17		.53	.06	1.95	2.54
" "	Reuben F Grabill		√17		1.19	.14	4.34	5.67
	Ezra Brain		√3		.34	4	1.22	1.60
	John D Cramer of Geo		√11		13.85	1.78	50.72	66.35
	A J Wilcoxen		√2		5.99	.76	21.94	28.69
	Wilcoxen & Markey		√2		14.20	1.82	52.00	68.02
	A J Wilcoxen		√12		1.42	.18	5.20	6.80
	Fred A Markey		√2		5.69	.72	20.82	27.23
	Edward Albaugh		√8		4.79	.72	17.55	23.06

---

[107] 433 written vertically in margin

[108] 28.54+37.51 = 66.05 written vertically on page

1889 List of Taxpayers of Frederick County, Maryland

	name	district	disbursements	state	interest	County	total
	Frank S Unkefer	✓8		5.04	.69	18.47	24.20
	John M Ahalt	✓4		10.23	1.30	37.44	48.97[109]
	Jonathan Weller	✓20		1.41	.18	5.17	6.76
							309.89 [subtotal]
" 18	Cha{s} H O Fox	✓2	part			20.00	20.00
" "	Eugene L Derr	✓2		25.48	3.27	93.60	122.35
" "	Daniel S Germand	✓6		1.11	.13	4.04	5.28
" "	Silas H Funk	✓7		2.66	.37	9.74	12.77
" "	Sarah Cramer	✓20		1.30	.15	4.78	6.23
							166.63 [subtotal]

date	name	district	disbursements	state	interest	County	total
1889	[344 & 345]						166.63 [subtotal]
June 18	D J Snook	✓20		21.58	2.77	79.04	103.39
							270.02 [subtotal]
" 19	Alex Woodward	✓2		2.11	.25	7.74	10.10
" "	Alonzo Benner Sheriff		✓400.				
" "	Geo M Worman	✓2		2.14	.23	7.83	10.20
" "	Farmers & Planters Agency Balto city				.98	39.00	39.98
" "	Tho{s}. McPherson	2	part				4.00
" "	Wm Hauver	✓6		3.55	.38	13.00	16.93
" "	L W Gosnell	✓9		2.09	.24	7.67	10.00
" "	W E Hyatt	✓9		.79	.09	2.93	3.81
" "	Ann Kelly	✓2		1.33	.16	4.88	6.37
			400.00 [subtotal]				101.29 [subtotal]
" 20	Harriet V Drill	✓2		18.37	2.45	67.28	88.10
" "	A J Carpenter	✓9		1.80	.24	6.56	8.60
" "	Erwin W Loy	✓15		1.89	.25	6.83	8.97
							105.67 [subtotal]
" 21	Elizabeth C Butler	✓9		4.49	.61	16.42	21.52
" "	R R Lewis	✓7		1.17	.15	4.29	5.61
" "	do do	✓2		2.66	.35	9.75	12.76
" "	Mrs. Elizth Lewis	✓2		7.48	1.00	27.37	35.85
" "	do do do Guardian	✓2		17.52	2.33	64.12	83.97
							138.19 [subtotal]

---

[109] 456 written vertically on margin

1889 List of Taxpayers of Frederick County, Maryland

date 1889	name [346 & 347]		district	disbursements	state	interest	County	total
June 22	Josephine Cross		✓1		.18	.02	.65	138.19 [subtotal] .85
" "	Loretta A Baumgardner		✓11		.46	.06	1.67	2.19
" "	Elias Fogle		✓11		1.57	.21	5.75	7.53
" "	A R Appleman		✓3		2.37	.31	8.68	11.36
" "	Andrew F McKinney		1	part				109.16
								269.28 [subtotal]
Jun 24	Washington T P Co.					12.07	12.39	.93
	Mrs. Jane E Adams		✓14		.19	.03	.71	10.65
	August Herwig		✓2		2.22	.30	8.13	23.97 [subtotal]
" 25	John Biser		✓2		.71	.09	2.60	3.40
	Dr. Wm H Wagner		✓11		32.80	4.20	113.32	148.32
	do do		✓8		.39	.04	1.43	1.36
	do do		✓13		1.65		6.05	7.70
	do do Inquest			✓5.00				
	Mrs. Ellen Moberly Wife Chs E		✓2		.71	.09	2.60	3.40
	John T Eaves		2	part				5.00
	Elias Green		✓10		.71	9	2.60	3.40
	Greenbury H Putman		✓4		5.65	.77	20.70	27.12
				5.00 [subtotal]				200.20 [subtotal]

date 1889	name [348 & 349]		district	disbursements	state	interest	County	total
June 26	John H Bear		✓20		3.91	.50	14.30	18.71
" "	Nathan Dorsey	Cold	✓8		.44	.06	1.60	2.10
" "	Jacob P Hesson		✓13		1.31	.18	4.79	6.28
" "	John Rhodes		✓2		3.29	.43	12.03	15.75
" "	Wm H Rhodes		✓2		1.15	.12	4.23	5.50
" "	John H Griffin		✓7		.40	4	1.46	1.90
" "	Carleton P Ahalt		✓3		25.48	3.50	93.33	122.31
27	James A & George W Powell		✓4		.34	.05	1.25	1.64
" "	E L Palmer		✓16		2.33	.32	8.51	11.16
28	Susan Wise		✓3		.44	.05	1.63	2.12
" "	Lewis Hill	Cold	✓11		.34	3	1.22	1.59
" "	B F Hamaker		✓8		6.92	.96	25.35	33.23
" "	Martin L Horine		✓12		3.20	.40	11.70	15.30

1889 List of Taxpayers of Frederick County, Maryland

date	name	district	disbursements	state	interest	County	total
"	29 Montevue Hospital		√500.00				
	David O Thomas of C	√2		5.90	.82	21.68	2.40
	Sarah L Burrier wif of L H	√2	Bal	.97	7	3.56	2.68
	Dr. John Reed	√12		6.37	.89	23.33	30.59
	Mary Thomas	√1		2.48	.35	9.07	11.90
	Mary E Hitzelberger	√8		1.28	.18	4.72	6.18
	Ed Milton Whip	√2		1.14	.15	4.16	5.45
			[110]				322.79 [subtotal]
							7.56

date	name	district	disbursements	state	interest	County	total
1889	[350 & 351]						
July 1	Wm J Frieze	√15		1.92	.27	7.01	9.20
" "	Jos C Cramer Firemen in Jail		√29.16				
" "	Glenn H Worthington Treasurer P S		√7000				
" "	Elizabeth Haines wif of Jos. E	√11		.62	9	2.28	2.99
" "	William Coats	√1		.44	6	1.59	2.09
			7029.16 [subtotal]				
							1.72
" 2	Saml Linton	2	Part				
" "	Charles Sellman [111]	√18	.33	1.18	.17	4.31	5.66
							21.66 [subtotal]
" 3	Day Crouse Witness						
	Dr. James Stephenson	√9		2.26	.33	8.26	10.85
	S Theo. Stouffer	√13	Bal			98.30	33.66
	L A K Bentz	√2		3.37	.47	12.35	16.19
	Lawrence Bentz & Son	√2		1.78	.25	6.50	8.53
	Wm Burgess Keeper of C House		33.33				69.23 [subtotal]
			33.66 [subtotal]				
" 5	Jackson Butler col	√7		.18	.02	.66	.86
" "	Mary Ann Barber	√3		1.69	.23	6.18	8.10
" "	Geo W Creager	√4		2.05	.29	7.50	9.84
" "	Greenberry W Baker	√9		3.09	.43	11.30	14.82
							33.62 [subtotal]

[110] 322.79 + 2.40 = 325.19 in disbursements column

[111] 21 written below 2 in the district column

1889 List of Taxpayers of Frederick County, Maryland

date 1889	name [352 & 353]		district	disbursements	state	interest	County	total
July 5	Margaret Boyer wife of Da-[illegible]		√10		7.21	.17	26.41	33.62 [subtotal]
	Ann E Hankey				2.40	.35	8.80	33.79
	Wm H H Harry		√2		4.00	.55	14.65	11.55
	A H Harrington		√2		5.25	.77	19.20	19.20
								25.22
								123.38 [subtotal]
6	Peter Hauver		√10		2.00	.29	7.33	9.62
	Ephraim Nash		√10		.22	.03	.81	1.06
	Henry Frazier	Col-	√1		.57	.08	2.12	2.77
	John M Fisher		√4		21.83	3.16	79.95	104.94
	do do		√15		.85	.24	3.13	4.22
	~~David~~ Wm Davis	Col'd	√8		.44	.06	1.63	2.13
	Geo W Shank of G		√11		.80	.11	2.93	3.84
	Wm H Buxton		√18		2.07	.30	7.61	9.98
	Thos. M Waltz		√9		.61	.08	2.21	2.90
								141.46 [subtotal]
8	Samuel J Seabrooks		√5		4.85	.71	17.78	23.34
	Philip H Lambright		√2		3.67	.55	13.43	17.65
								40.99 [subtotal]

date 1889	name [354 & 355]		district	disbursements	state	interest	County	total
July 9	Mrs. Lucretia Hanes		√2		1.60	.25	8.85	7.70
"	Saml W House		√3		.36	.05	1.30	1.71
"	Mrs. Henrietta Fulder		√6		.44	7	1.63	2.20
"	John D Beachley		√3		1.51	.23	5.52	7.26
"	Albert Eichelberger	Inquest wit	√	.33				
"	Mrs. " "	Inquest wit	√4	.33				
"	Mrs. M Estella Close			.66 [subtotal]	2.21	.50	11.75	15.46
10								34.33 [subtotal]
"	John Thomas	Col'd	√2		2.02	.29	7.41	9.72
"	Jacob M Birely		√11		2.13	.32	7.80	10.25
"	Mrs. Elizabeth Titlow wf of Isaac		√2		2.22	.33	8.13	10.68
								30.65 [subtotal]
11	Enos Lee Main		√2		.40	6.00	1.46	1.92
"	Smallwood Thompson		√2		.18	2.00	.65	.85
"	Dr. Isaac N Woods		√9		8.77	1.30	32.11	42.18

1889 List of Taxpayers of Frederick County, Maryland

date	name		district	disbursements	state	interest	County	total
"	"	Noah Jacobs	√9		.50	8.00	1.82	2.40
"	"	Christian H Eckstein	√7		3.65	.59	13.36	17.60
								64.95 [subtotal]
"	12	A G Quinn & Co.[112]	√2		2.96	.43	10.84	14.23
"	"	Mrs. A G Quinn	√2		20.10	3.00	773.58	96.68
"	"	A G Quinn	√	Judge Elec 6.00				110.91 [subtotal]

date	name		district	disbursements	state	interest	County	total
1889	[356 & 357]							110.91 [subtotal]
July 12	Daniel S Hanshem		√2		2.35	.39	8.61	11.35
"	Mrs. E M Nicholas		√2		2.84	.42	10.40	13.66
"	Susan Anders		√4		1.19	.17	4.32	5.68
"	Cecelia Stansbury		√15		4.08	.65	14.94	19.67
"	Geo R Wisong		√2	Bal	3.02	.14	11.05	4.43
"	Harry C Keefer		√	Treas. 1000				165.70 [subtotal]
" 13	John Hendrickson		√7		1.12	.18	4.10	5.40
"	Mrs. Oliver O. Price		√9		1.70	.23	6.20	8.13 [smeared]
"	Mrs. Emaline Gardner		√12		.98	.13	3.25	4.36
								17.89 [subtotal]
" 15	Augustus Fraley		√2		2.43	.39	9.10	11.98
"	Mary Gibson		√9		.67	.10	2.47	3.24
"	Elizabeth Nichols		√2		.98	.16	3.58	4.72
"	Chas E Cole		√2		.22	.03	.81	1.06
"	Times Publishing Co.		√2	Bal	44.44		16.25	10.69
								31.69 [subtotal]
" 16	Jacob D Wolfe & G H Delauter		√6		.76	.13	2.78	3.67
"	J D Wolfe	Room Rent	√	4.00				
"	E M Recher		√6		1.04	.16	3.82	55.02
"	Mary Bucher		√9		.61	.10	2.26	2.97
				4.00 [subtotal]				11.66 [subtotal]

date	name	district	disbursements	state	interest	County	total
1889	[358 & 359]						11.66 [subtotal]
July 17	Dorcus & Shank	11	part	1.38	.21		1.47
" 18	Edmund L Stup	√2				5.08	6.67

---

[112] These 3 Quinn names corrected to Quynn

1889 List of Taxpayers of Frederick County, Maryland

	name		district	state	interest	County	total
" "	Charles Weller		√15	.49	7	1.79 [smeared]	2.35
" "	William Haines		√18	.69	.11	2.55	3.35
" "	Mrs. Sarah C Harrison		√18	.84	.13	3.09	4.06
" "	Geo B Dinterman		√11	.53	8	1.95	2.56
" "	Luther M Wise		√6	3.57	.25	13.08	8.30
" "	H F Kline		√2	.66	.10	2.44	3.20
" "	Joseph B Tresler		√5	.53	.90	1.95	2.57
" 19	Nellie Neel		√2	.92	.14	3.35	4.41
	Coleman R Wiles		√2	.66	.10	2.44	3.20
	Elias R Stottlemyer		√6	2.65	.40	9.70	12.75
				4.00 [subtotal]			66.55 [subtotal]
	Lemuel Mussetter		√9	3.20	.48	11.70	15.38
	John Mussetter		√9	.77	.12	2.80	3.69
							75.62 [subtotal]
" 22	P Mc West Agt for Heirs of P McGill		√14	11.62	1.81	42.53	55.96
	P M West		√12	4.47	.69	16.36	21.52
							77.48 [subtotal]

date 1889	name [360 & 361]		district	state	interest	County	total
July 20	John T Stride		√14	.40	.06	1.46	1.92
	Josephus Reeder		√3	.63	.10	2.31	3.04
	Miss Mariam Henderson		√2	.53	.08	1.95	2.56
	Mary Key	Col	√13	.21	.03	.75	.99
	Beckey S Davis		8	3.68	.18	14.53	18.02
	Theo S Davis		8	1.45	.07	5.70	7.08
	Albert King		√2	.98	.15	3.58	4.71 [smeared]
	Eliza Tasker		√2	1.06	.07	3.87	5.00
							18.22 [subtotal]
				over from page 359 [penciled in]			77.48
	Nelson D Ramsburg		√20	11.43	1.78	41.93	55.24
	" "		√2	.16	.03	.59	.78
22	Cornelia V Dwyer		√1x	.30	.04	1.07	1.41
	Louis J Powell		√20	6.40	1.03	23.44	30.87
							165.78 [subtotal]
" 23	Grandison G Brain		√2	.48	.08	1.72	2.28
" "	Jas P Perry & Son		√2	1.07	.17	3.90	5.14

1889 List of Taxpayers of Frederick County, Maryland

date	name		district	disbursements	state	interest	County	total
" "	Mrs. Mary E Patterson		✓5		2.75	.44	10.08	13.27
								20.69 [subtotal]
"	24 Daniel P Snyder		✓1		6.53	1.05	23.91	31.49
date	name		district	disbursements	state	interest	County	total
1889	[362 & 363]							31.49 [subtotal]
July 24	[113]~~Tho.s J Bowhan~~		8		~~.74~~	~~.08~~	~~2.50~~	~~3.48~~
" "	John L W Morrison J W Morgan Agt		✓6		.18	.03	.65	.86
" "	Jame[s] W Morgan		✓6		3.09	.48	11.31	14.88
" "	" "		✓10		.36	.06	1.30	1.72
" "	" "		✓16		.35	.06	1.29	1.70
" "	Jacob M Shawbaker		✓2		1.07	.17	3.90	5.14
" "	Edward S Bowlus		✓3		2.55	.41	9.32	12.28
" "	Charlie W Bowlus	scalps	✓3	.70				
				.70 [subtotal]				
" "	Henry Kephart		✓3	Part	1.01	.17	3.71	4.89
								72.96 [subtotal]
" "	Andrew Strube		1	.50				20.00
" 26	Tho.s F Palmer	Fox	✓20		4.28	.61	15.66	20.55
" "	Adam Sowers		✓11		15.13	2.34	55.38	72.85
" "	Perry G Smith	Axeman Mrs.		2.50				
				3.00 [subtotal]				
" "	" "		✓2		2.55	.32	9.31	12.18
								125.58 [subtotal]
" 27	Wesley Baltzel		✓2		.23	.04	.86	1.13
" "	James Manley	Col.d	✓7		.48	7	1.73	2.28
" "	Academy of Visitation		✓2		2.21	.41	8.10	10.72
								14.13 [subtotal]
date	name		district	disbursements	state	interest	County	total
1889	[364 & 365]							14.13 [subtotal]
July 27	Alexander Ramsburg		✓20		23.10	3.70	84.57	111.37
" "	William Dorsey		✓5		7.42	1.20	27.18	35.80
" "	" "		✓15		.17	2	.62	.81
								162.11 [subtotal]
" 29	Richard K Harper		✓20		.22	4	.79	1.05

---

[113] ~~James Morgan~~ W should have been struck out also

1889 List of Taxpayers of Frederick County, Maryland

		name		district	disbursements	state	interest	County	total
"	"	Phobe A Harper		√20		2.46	.40	8.99	11.85
"	"	Catharine R Baer		√3		1.78	.29	6.50	8.57
"	"	David Martin of E		√15		.33	5	1.22	1.60
"	"	Mrs. Rebecca Wirtz		√1		9.30	1.52	34.06	44.88
"	"	Stull & Brush		√2		1.24	.24	5.55	7.03
"	"	Chas H O Fox		√2	Bal	12.89	.56	47.20	16.75
									91.73 [subtotal]
"	30	Theodore Burke		√2		.83	.15	3.06	4.04
"	"	Joseph Curtis	col[d]	√2		.46	8	1.69	2.23
"	"	J M Norris		√5		1.85	.37	6.76	8.98
"	"	Mary Snowden wife of Basil		√9		.99	.17	3.64	4.80
"	"	William T Chiswell		√1		21.91	4.08	80.23	106.22
									126.27 [subtotal]
date		name		district	disbursements	state	interest	County	total
1889		[366 & 367]							126.27 [subtotal]
July 31		H Clay Stouffer		√11		15.15	2.47	55.52	73.14
"	"	Margaret A Worman		√19		1.84	.31	6.73	8.88
"	"	Martha R Mines		√2		10.83	1.77	39.65	52.25
		~~John W Morris~~		2		~~10.92~~	~~.55~~	~~43.05~~	~~53.42~~
"	"	John H Williams & E Shriver[114]		√2		.36	6	1.30	1.72
"	"	Wm F Crouse	scalp	√	.35				
"	"	Rudolph Crouse	"	√	.35				
"	"	Wm F Crouse		√2		2.31	.38	8.45	11.14
									273.40 [subtotal]
Aug 1		John W Brubaker		√2		4.35	.81	15.93	21.09
"	"	George Jones		√14		.46	.07	1.66	2.19
"	"	Joseph C Cramer	Fireman Jail	√	29.16				
"	"	R C Sappington		8	Part				14.17
"	"	Charles Ezra Fox		√2		1.23	.21	4.48	5.92
"	"	Daniel Bentz & Co.		√2		.71	.13	2.60	3.44
									46.81 [subtotal]

---

[114] trustees to Ann M Marshall

1889 List of Taxpayers of Frederick County, Maryland

-
  A B 42
  David 128
  E J 42
  J H 42
  L 81
  Mary 120
  Maurice 21
Abbott
  John W 17
Abel
  Mary Y 45
Abrecht
  Jas E 106
  Sarah J 114
Adams
  Catherine 102
  Cato 22
  Jane E, Mrs 126
Agnew
  David 94
Ahalt
  Benj S 74
  Carlton P 126
  Emeline 81
  Jacob 81
  John M 125
  John W O 54
  Mathias S 119
  Phoebe, Mrs 74
Albaugh
  Charles A 11
  Daniel 82
  Danl 101
  E E 80
  Edward 124
  Harriet 22
  Jasper 11
  John 82, 101
  Nickolas 11
Aldridge
  Catherine 48
  Evan J 48
  Geo W 22
  Wm A 23
Alexander
  Andrew 100
  Andrew, Jr 118
  Martin E 18
  Rachel C 117
  Sarah 114
  Tilghman 27, 35
Allan
  William 79
Allnutt
  John T 86
Alridge
  John L 22
Ambrose
  John C 80
  Patrick 102
  Simon P 35
Amedia
  John T 18
Anders
  Charles 38
  Susan 129

Anderson
  Ann R 112
  Richard E 95
Angelier
  Frank 86
Angleberger
  Edward 25
  F P 37
Annan
  Robt L 16
Appleby
  Henry R 16
  Rufus H 9
Appleman
  A R 126
  Jacob 19
Arnold
  Augustus 107
  David 26, 91
  Mahlon 41
Ashbaugh
  Aquilla 62
  Jacob H 62
Atlee
  Nettie C, Mrs 104
Aubert
  Alfred H 23
Ausherman
  Lewis 25
Austen
  Richard S 111
Auzengruber
  Mathias 15
Awalt
  Henry 25
Ayers
  Sallie 21
Baer
  Catharine R 132
  Geo E 70
  Henry 102
Bagget
  Margaret 57
Baightel
  Mary A 33
Bailey
  Wm 81
Baker
  Benj 90
  E L F 96
  George 28
  Greenberry W 127
  Jesse L 18
  John M 117
  Joseph D 123
  Meshack 48
  T 76
  Thomas M 75
  Vernon 10
  William H 36
  Wm H 18, 76
Baltzel
  Wesley 131
Baltzell
  Geo H 96
  Junius W 120
  Wm J 97

Barber
  Mary Ann 127
Barger
  Charles A 100
Barington
  Wm H 28
Barnes
  Amanda 18
  Caroline M 81
  John R 18
  Noah 9
  Silas J 117
Barrick
  Frederick D 36
  Geo P 34
  Geo W 109
  Harriet 57
  Randolph J 62
  Robert 28
Bartgiss
  Ann R, Mrs 119
Barton
  Albert 119
Basford
  Alfred 33
  Alfrred 43
  Geo E 77
  John T 109
Bast
  Isaac 54
  Joseph 116
Baumgardner
  Charles 109
  Loretta A 126
Baumgartner
  Henry 62
Beachley
  Ezra 114
  Hanah 25
  John D 128
  John W 25
  Walter 27
Beall
  Agnes 27
  Anna, Mrs 95
  Elizabeth 63
  James F 27
  Josephine 43
  Margaret 27
  Natha 27
  Robert J 32
Bear
  Hannah M 70
  John A 27
  John H 126
Beard
  Catherine 33
  Catherine, Mrs 83
  Geo W 74, 83
  Solomon 105
  Susan 33
Beatty
  A P 70
  Alfred T 32
Becht
  Joseph 38
Beckley
  E L, Dr 68

Bell
  John H 113
  Lewis W 89
Belt
  Sarah A 15
Benner
  Alonzo 49, 75, 121, 125
Benner
  Alonzo 49
Benson
  Harriet S 32
Bentz
  Catherine 117
  Daniel 132
  Henry 117
  L A K 127
  Laurence 100
  Lawrence 127
  Lawrence & Son 127
Berry
  Mary 100
Best
  Christina 33, 34
  D H 7
  John T 109
Betts
  Joshua 24
  Samuel 56
Bickwith
  Joshua H 30
Biddinger
  Chas E 36
  Ephraim 46
  John A 75
  Magdalenia 108
  William 43
Biddle
  Thos F 78
Bidle
  Daniel C 72
  John 52
  Marv E 20
Biggs
  Joshua 56
  Julia S 19
  Mary A 43
  Sol 115
  Wm H 56
  Wm H & Bro 56
Birely
  Albert 111
  Barbara 7
  David 111
  Hannah M 61
  Jacob M 128
Biser
  Enos 120
  Geo E 19
  Hepsey 83
  John 126
  M A E 44, 119
Bishop
  Geo S 95
  George 103
Bitler
  Simon D 102
Bittle
  John H 26

1889 List of Taxpayers of Frederick County, Maryland

Bittler
    Chas O 117
Black
    Cornelius H 102
    Wm J 107
Blacksten
    Benjamin H 92
Blackston
    John H 10
Blair
    Geo 52
    Joseph 77
    Joseph & wife 77
Blank
    John Henry 35
Blentlinger
    Chas C 85
    Wm H 74
Blessing
    Geo H 68
    Geo H & wife 68
    Geo W 89
    S V 32
Blickenstaff
    Elias 84
    Geo W 100
    Sophia 14
Blume
    Elizabeth 50
    Nichol 50
Bobst
    Louisa G, Mrs 37
Bohn
    Wm M 13
Bohrer
    Joseph H 107
Boller
    Henry A 24
    Isaih W 24
    Israel 12
    Lewis E 54
    Wm H 54
Bollinger
    John P 86
Boogher
    Nicholas 68
Boone
    Mary E 71
    Moses 98
    W W 71
Bost
    Margaret 105
Bostian
    Andrus Powell 67
    Jacob A 26
    James M 10
    John, Jr 78
Boteler
    Augustus L 7
    Henry 7
Botler
    Violette F 50
Bouic
    Rufus A 15
Bowers
    Catherine 63
    David 26
    Jacob H 37
    L A, Mrs 37
    Mahlon A 39
    Wm H 24, 82
Bowersox
    E F 77
Bowey
    Henry 68
Bowhan
    Thomas J 94
    Thos J 131
Bowie
    Betsy 49
    Margaret 49
Bowlus
    Charles W 131
    Ed. Dr 101
    Edward S 131
    Frank L 20
    Lewis H 20
    Martha A 101
    Mary E 101
    Sophia 101
Bowman
    George 46
Boyer 58
    Adam 65
    Albert 54
    Albert and sister 54
    C W 95
    Catherine 111
    Da- 128
    Hanson 120
    Henry H 65
    James 21
    Jno W H 21
    John C 95
    Margaret 128
    Miranda 34
    Oliver 110, 120
    Wesley 34
    Wm H 18
Boyles
    Charles M, Mrs 108
Bradshaw
    John J 109
    Wm H 40, 41
Brady
    Jacob 21
    Mary Ann 15
Brain
    Ezra 124
    Grandison G 130
Brandenburg
    Garrison 34
    H Levi 101
    Jesse 27
    John M 26
    Lemuel R 34
    M 41
    Martin G 59
Brandt
    James H 29
Brane
    Dennis 75
    Geo W 24
    Margaret 75
Brashear
    Richard J 87
Brashears
    Jeremiah 102
Brengle
    Geo 82
    N 13
    Ursula 65
    Wm H 13
Brennison
    Frank P 112
Brent
    Mary 46
Brightwell
    Eliz 20
    Frank 20
    Frank and wife 20
Brish
    Margaret S 69
Britner
    Joseph A 56
Broadbeck
    Leah 36
    Leah, Mrs 95
Bromwell
    Elizabeth H, Mts 47
Brookey
    Peter 59
Brooks
    Charles A 15
    Moses 15
Brown
    A J 11
    Albert 68
    C W 122
    E, Mrs 102
    Elmer 16
    Henry C 68, 70
    Ignatius 79
    Jacob 50
    James 28, 40
    John H 24
    John M 32
    Joseph 47
    Mahala 68
    Martin L 80
    Philip 102
    Samuel H 88
    Sarah E 101
    Wm 49, 64
    Wm H 16
Browning
    Luther H 113
    Reverdy 52, 68, 86
    Richard 71
Brubaker
    John W 132
Bruce
    Hilleary 96
    Hilleary & wf 96
Bruchey
    Joseph E 16
Bruner
    Ed L 116
Brunner
    Catherine 100
    Edward A 67
    Geo H 106
    Levi 100
Brush 132
Brust
    Casper 74
Bryan
    Henry 43
Buch
    Amelia 52
    Justin 52
Bucher
    Mary 129
Buckey
    Daniel E 31
    E C 71
    Edward E 35
Buckingham
    B W 35
    John W 94
Buhrman
    Thomas 75
    Wm L 61
    Wm W 108
Burall
    Samuel 61
Burdett
    Franklin 65
Burgee
    Isaac 100
    Mile 56
Burgess
    William 112
    Wm 61, 79, 96, 122, 127
Burke
    Frank G 51
    Henry W 22
    Joseph P 115
    Lewis E 107
    Milton 75
    Philip H 58
    Theodore 132
Burkhart
    A W 31
    Elizabeth R, Mrs 107
Burrell
    George 42
    William 45
Burrier
    Absalom 112
    Chas D 73
    Daniel 61
    F W 65
    Geo W 35
    J S 112
    John W 11
    L H 127
    Levi H 122
    Sarah L 127
    Sarah V 122
    Simon E 112
Bushey
    Augusta, Mrs 117
business
    A G Quinn & Co 129
    Academy of Visitation 131
    Boyer & Duprey 58
    Buckeystown T. P. Co. 33
    Castle & Gilbert 17
    Catoctin Clarion 117
    Central Nat Bank 92

1889 List of Taxpayers of Frederick County, Maryland

Cit Nat Bank 75
Citizens Gas Co. 115
Cold Spring Dairy 9
Cook & Myers 42
Corporation water 43
Council Moravian Church 107
Daniel Bentz & Co. 132
Dorcus & Shank 123, 129
Emmitsburg Rail Road Co. 83
Emmitsburg Water Co. 80
Farmers & Planters Agency 125
Franklin S Bank 67
Franklin Sav. Bank 40
Franklin Saving Bank 41
Franklin Savings Bank 67
Fred & Woodsboro T P Co. 119
Fredk & Penn Line R R Co. 76
Gaither & Norris 9
Hightman & Bro 87
Improvement Land & Building Association 109
Isabella Gas Co 43
Jordan Crampton & Co. 54, 76
Kauffman & Markell 40
Keefer & Knauff 29
Koogle Remsburg & Co. 44
Kussmaul Bros 120
Lowenstein & Wertheimer 53
Maryland Hospital for the In[s]ane 39
Montevue 93
Montevue Hospital 7, 63, 121, 127
Mount Hope Retreat 76, 118
Mt St. Mary's College 85
Mutual Ins Co. Fred Co. 118
P R R Co. 76
Padgett Smith & Co. 90
Red Spring Creamery Co. 39
Sahm & Dill 38
Samuel Winebrenner & Co. 81
Snook Bros 45
Stone & McLain 38
Stull & Brush 132
Times Publishing Co. 123, 129
Valley Savings Bank Fred Co. 99
Washington T P Co. 126
West M R R, President & Directors 97
Western Union Telegraph Co. 66
Whereheiser & Pangs 30
Wilcoxen & Markey 124
Woodsboro &

Creagerstown Turnpike Co. 48
Woodsboro & Frederick 119
Woodsboro & Frederick Turnpike Co. 118
Worman & Ridenbaugh 99
Bussard
  David S 118
  Gideon 47
  John W 47, 113
Butler
  Charles 25
  Elizabeth C 125
  Ellen 8
  Jackson 127
  Margt 71
  Mary 57
  Robert 71
  Wm H 27
Butts
  Isabell 66
Buxton
  James L 46
  John T 54
  Wm H 128
Cain
  Catherine 77
  Ellen, Mrs 18
Carlile
  Charles L 9
Carlin
  John 117
  Joseph 117
Carlisle
  Abdon 54
Carmack
  Susan E 120
Carns
  Victoria 121
Carpenter
  A J 125
  Daniel 100
Carter
  David 73
  Mary 117
  Milton 59, 61
  Saml 73
Carty
  Alton 76
  Benjamin 99
  Calvin C 8
Cashaur
  Albert 19
Cashour
  Basil 69
  Edward 51
Cassell
  Chas E 117
Cassidy
  Charles T 15
Castle 17
  Charles 100
  Clasantha O 95
  David A 17
  Ellen, Miss 17
  Geo W 92
  John H 109
  John W 95

  Jos 100
  M P, Miss 17
  Mary J 95
  Resin J 95
Cecil
  C C 83
Chamberlain
  H M 49
Chambers
  Charles 83
  Greenbury, Mrs 64
  Wm 114
Chaney
  Caroline R 44
Chapman
  John Lee 122
Chew
  John H 53
Chipley
  Stephen C 8
Chiswell
  Frank W 55
  J N 55
  William T 132
Christ
  Sophia 101
Clabaugh
  Wm R 12
Claggett
  Ann P, Mrs 115
  Samuel, Mr 76
  Thos J 115
Clark
  J W 116
  James C 26
  Jas C 97, 116
  Jno W 116
  John C 115
Clary
  Aaron 26
  Frederick S 102
  Jas B 102
  Jesse T 116
  John F 118
  Oliver M 114
  Weldon 55
Clay
  Grafton 106
  Issabella 10
  Jesse E 57
  John H 46
  Joseph W 70
  Mary M 55
Clem
  Anna, Mrs 84
  Augustus 104
  Geo H 84
  John H 30
Clemson
  John 88
  Nicholas H 71, 74
Cline
  Elias 55
  George 80
  Lawson 14, 15
Clingan
  G F 75
  Lewis S 116

Close
  Adelaide 110
  M Estella, Mrs 128
Coats
  William 127
Coblentz
  Chas H 31
  Ed F 39
  Elias 85
  Henry 30
  Julia Ann, Mrs 85
  Lewis P 38
  Martin L 43
  Silas C 121
Cochran
  Cornelius 89
Cockey
  Jos C, Dr 97
  Sebastian G 75
Colb
  Matthias 49
Colbert
  H J 93
Cole
  Chas E 129
Coleman
  Aaron 63
  Wm 75
Colliflower
  Jago 59
  John T 17
Collins
  Aseneth, Miss 83
Comfort
  Martin V 116
Condon
  James W 62
  Warner B 74
  Zachariah 23
Conley
  A T 51
Connor
  Daniel 31
Conts
  Joshua 65
Cook 42
  Clara 9
  E W, Mrs 75
  John W 42
Cookerly
  Geo W 58
  Sarah E 102
Copeland
  Mary A C, Mrs 61
Corell
  Jonathan 47
Corick
  Lucinda 97
Coussey
  Geo 12
Cover
  David 103
  J B 41
  Jacob H 103
  WmF 69
Crabbs
  Sevella 8

1889 List of Taxpayers of Frederick County, Maryland

Cramer
  C A 113
  Chas C 106
  Chas E 78
  Clayton S 104
  Edward 110
  Eli 25
  Ezra D 51
  Geo 124
  Geo H 91
  Geo L 60
  Geo W 101
  Jacob W 94
  Jeremiah C 67
  Jno A 103
  John D 124
  John H 70
  John Wm 51
  John, Mrs 7
  Jos C 76, 94, 111, 121, 127
  Joseph C 132
  Noah 78
  Noah E 78
  Samuel 63
  Sarah 125
  Susan 95
  William W 78
  Wm J 118
  Wm J & son 118
Crampton
  B P 64
  J 45
  Jordan 54, 76
  Joshua 45, 76
  O 45
Craven
  Grafton 71
Crawford
  Sarah C 87
  Thos A 10
Creager
  Chambers J 106
  Geo W 127
  John W 39
  Matilda 27
  Solomon 43
  Wm 21
Cretin
  John T 81
  Mary A 44
Crimmins
  Mary 97
Crist
  William F 71
Cromer
  Geo H 63
  Joseph C 56
Cromwell
  A 13
  A and Bro 13
  Arhutr H 94
  Curtis A 12
  Geo W, Mrs 106
  P C 16
  Wm H 30, 61
Crone
  John C 47

Cronise
  Catharine 109
  Simon 49
Cross
  Josephine 126
Crouse
  Day 127
  John T 112
  Rudolph 132
  Wm F 132
Crum
  A 65
  Adam 31
  David 65
  Frederick 78
  Geo W 114
  George H 79
  Jacob Z 7
  John David 72
  Josiah 74
  Lewis 120
  Wm T 22
Crumbaugh
  Geo F B 85
Crummit
  Jas E 70
Crummitt
  Alice 18
  W S 116
Culler
  Chas K 55
  Daniel M 36
  Wm L 27, 77, 112, 116
Curry
  Wm R 8
Curtis
  Joseph 132
Cutsail
  Charles H 9
  Geo W 32, 94, 96
  James H 11
  Nancy 55
Cutshall
  Wm 16
Dade
  Maurice J 48
Dailey
  Zachariah 50
Damuth
  Chas A 105
  Jacob 60
  Wm H 93
Danner
  Ed 57
  Ed D 10
  H J, Mrs 47
  Joshua 61
  Raymond 57
  Thos L 16
Dare
  E M 9
  John 9
  S M 9
Darner
  Thomas 98
  Thomas & wife 98
Daugherty
  Charles E 100

Dauphin
  Ceasar 73
Davidson
  J W 111
Davis
  Alfred W 31
  Beckey S 130
  Charles G 27, 60
  Elijah 98
  Isaac T 53
  James A 78
  Richard 48, 53
  Sarah T 53
  Thos S 130
  Vernon 69
  Wm 128
Dawson
  Dr 55
Dayhoff
  Elsworth 123
Dean
  C H 121
  Eve Alice 121
  John M 39
  Robert 95
  Singleton 32
Decker
  Margaret E 87
DeGrange
  David J 98
  Emma 90
  H S B 122
  Henry C 110
  John A 98
Deihl
  Geo Rev D D 41
Delaplaine
  Ephraim 116
Delashmutt
  E T H 22
  John A 22
  Ruth 51
  Susan 122
Delauter
  David 88, 118
  G H 129
  Geo H B 120
  Mahlon H 48
  Robert S 104
  Samuel 104
Dempsey
  A W 78
  Margaret A 78
Derr
  Chas H 10
  Daniel 10
  Daniel C 71
  Elizabeth 45
  Eugene L 125
Dertzbaugh
  Wm H 69
Devilbiss
  Basil P 91
  Carolin 13
  Clayton R 97
  Edwin 94
  Geo W 32
  Howard H 9

  Irving W 40
  Isiah 49
  Martin 9
  Sarah J 68
  Solomon D 73
  Wm 14
Diehl
  Abram S 96
  Nolson 45
Diffendall
  John 88
Diffindal
  Chas L 49
  Chas L & Bro 49
Diggs
  Greenbury 83
  James A 12
  Michael, Mrs 44
Dill 38
  Joshua J 37
Diller
  Eliza A 36
  Jacob 36
Dinterman
  Geo B 130
  Geo F 31
  George 68
  Jacob D 51, 83
  Jacob E 83
  Mary 29
Dison
  John W 10
Dixon
  C Frank 17
  James B 73
  Thomas E 61
  Thomas O 109
  Thos 9
Doll
  Chas E 61
  Lewis H 103
Domer
  Ann 27
  Wm 27
Dorcas
  David F 51
Dorcus 123, 129
  Charles 65
  Jacob 112, 122
Dorsey
  Chas A 54
  Danl 36
  Eugenia & sister 13
  Fanny 64
  H W, Dr 114
  Henry 46
  Ignatius W 124
  John 124
  John, Mrs 54
  Joseph 115
  Margaret , Mrs 111
  Margaret A 101
  Nathan 126
  Nimrod B 85
  Randolph 13
  William 131
  Wm H 124

1889 List of Taxpayers of Frederick County, Maryland

Dotterrer
  Lemul H 50
Doub
  Cornelius 42
  Marietta C, Mrs 114
Douty
  Martha E 113
  Moses 113
Downey
  Frank 92
  Frank J 53
  John 121
  M J. Mrs 57
  William 57
Drill
  Harriet V 125
Dronenburg
  Henry, Mrs 11
  Jacob 46
  John T 46
Duble
  Jacob 72
Dudderar
  Chas W 71
  Geo W 49
Duderar
  Peter 8
  Wm E 8
Duderrer
  Philemon 10
Dudrear
  David W 19
Dudrow
  Mary J 112
Dull
  Anna F, Mrs 59
Dunawin
  Catherine 73
Dunn
  Wm T, Rev 65
Duphorn
  Annie E 64
  Mary H 64
  Robert S 63
Duple
  Laurence A 100
  Mary 103
Duprey 58
Dusing
  Jacob 56
  Jesse 25
  Thomas S 44
Dutrow
  Catherine, Mrs 47
  Clemnbus 90
  Granville 57
  Jacob W 24
  James L 47
  Jeremiah 82
  Mary F, Mrs 77
  Samuel P 74
Duttra
  Wm S 51
Duvall
  B D 45
  Benjamin F 85
  Bernard S 100
  Charles F 22

James E 39
  Marcellus 54
  Nellie, Miss 97
  Wm L, Mr 110
Dwyer
  Cornelia V 130
Dyer
  Elizabeth 7
  Mary E 7
Eader
  Chas 21
  Manasseh 21
  Thos H H 21
Eagle
  Chas W 46
Early
  Saml 35
  Samuel 74
Easterday
  Elisha H 24
  Josephus 79
  Laurence 86
  Thos E 58
Eaton
  Robt D 35
Eaves
  John T 126
Ebberts
  Michael 34
Eccard
  J P 108
  Noah 120
  Simon P 101
Eckenrode
  Ephraim 79, 86
  T H 65
  Vincent J 100
Ecker 34
  Daniel 70
  Emily Jane 34
  Margaret S 22
  Mary 34
  Sallie L 50
  Samuel B 89
  William 118
Eckstein
  Christian H 129
Eckstine
  Christian H 61
Eichelberger
  Albert 128
  Albert, Mrs 128
  E S 32
  Jacob H 27
  Martin j 62
Eichner
  John 80
Eicholtz
  Edward 120
  Samuel 120
Eigenbrode
  Jacob 113, 114
  John 33
  Wm 33
Eisenhour
  Margaret 39
Elgin
  John 95

Elliott
  Ann 47
  Catherine 61
  Charles M 61
  John H 47
Endsor
  Elijah C 59
  Luke C 59
  Wm H 54
Englar
  O A 84
  Sol P 51
Engler
  John D 60
  Joshua 66
  Lewis P 50
  N E 60
  Nathan 60
Ensor
  Edward C 23
Enworth
  Elizabeth 21
Ernest
  Sol P 27
Esterly
  Wm H 113
Etchison
  Charles 67
  Eugene R 48
  L C C 48
  Wm L 67
Etzler
  Adam T 16
  Augustus 17
  Charles E 49
  James 89
  Wm 22
Eury
  Samuel A 58
Eves
  Peter 83
Ewing
  Mary, Mrs 72
Eyler
  Charles H 72
  Ephraim 97
  Jacob M 50
  Josiah 24
  Margaret 117
  Martha A, Mrs 8
  Mary, Mrs 104
  S Q 103
F--ney
  James H 115
Falk
  Christian 51
Farrell
  James R 106
Fauble
  F Marion 38
  Wm, Mrs 26
Favorite
  George 93
Feaga
  Chas E 39, 103
  Edmond P 59
Feaster
  Frances 117

John H 93
  Sarah E, Mrs 96
Feete
  Harrison 48
Feezer
  Estey 123
Feizer
  Parma Lee 43
  Phoebe 43
Figgins
  Wm A 31
Fink
  Alice O 107
  M F 107
  Millard F 107
  Sarah A 116
Firestone
  M L 123
Fisher
  Chas R 58
  David 73
  Elias 102
  Elmira 28
  Frank 81
  Geo C 111
  John M 128
  Mary Ann 40
  Philip C 28
  Phillip C 28
  Walter 76
Fitzhugh
  B 75
  B F 65, 67
Fitzsimmons
  James J 123
Flayherty
  Margaret 79
Fleagle
  John 41
  Lillie, Mrs 120
Fleming
  Elizabeth, Mrs 114
  John E 82
  Thos 80
Fletcher
  Nicholas 18
Flickinger
  H D 88
Flook
  Dawson F 51
  Elizabeth S 59
  John 54
  John P 72
  Lewis E 92
  Mary E 33
  William F 59
  Wm H 14
  Wm S 15
Flowers
  Mary A 98
Fogle
  A 56
  A B 42
  Danl 42
  David 105
  E J 42
  Elias 126
  isaac M 104

1889 List of Taxpayers of Frederick County, Maryland

    J H 42
    James 28
    John 78
    Margaret 42
    Michael 25
    Peter 13, 42, 105
    Sarah L 25
    Wm H 56
    Wm, Jr 78
Ford
    Isaac 44
Foreman
    Henry C 120
    Phoebe Ann, Mrs 39
Forrest
    Catherine 24
Fout
    Ann R 82
    Catherine, Mrs 122
    John H 62
Fowler
    Joseph B 51
    Thos Alex 21
Fox
    Baltzer 59
    Charles Ezra 132
    Chas H O 107, 125, 132
    E H C 18
    Ernest A 45
    Hezekiah 71
    Jeremiah 96
    John P 122
    mARY 14
    Rachael 62
    T C 8
    Thos C 14
    Wm H 36
    Wm J 122
Fraley
    Augustus 129
    F M 65
    Henry 122
    James H 100
    Margaret M 65
Franklin
    Noah J 8
Fraser
    Geo W 49
    John T 49
fraternity
    Delaware Tribe IORM 70
    Grange No 97 89
    Sons of Temperance 59
Frazier
    Henry 128
    Salina 69
Frederick County
    Public Schools 46
Freed
    Edward 122
Freeze
    Josiah 19
    Michael 19
Freshour
    Charles E 24
    Geo C 84
    Nelson 108
    U S Grant 64

Frieze
    Wm J 127
Fritz
    Wm H 20
Fry
    David 117
    Emma 117
    Hester 83
Fulder
    Henrietta, Mrs 128
Fulmer
    Wm H 8
Fulton
    Chas H 29
    Newton 123
Funk
    Silas H 125
Furney
    James H 115
Gaither 9
    Henry C 70
    John D 10
    Julia E 70
    Wm M 11, 73
Gall
    Henry 92
Gant
    Wm 10
Garber
    Adam, Jr 72
    Christian H 65
    Enoch 28
    Wm H 65
Gardner
    E G 30
    Emaline, Mrs 129
    John 99
    Wm A 40
Garrott
    Hannah 118
Gartrell
    Edward 46
    Greenbury 46
    Solomon 98
Garver
    Absalom 38
Gary
    Michael 45
Gaugh
    Daniel 87
    Jesse W 80
    Mary 34
Gault
    Jas C 65
Gaver
    Elizabeth 51
    Geo D 35
    Harman L 109, 110
    Henry 88
    Jno P 51
    John T 95
    Philip F 99
    Tilghman F 64
Gaylor
    Daniel L 107
Geesey
    George 10
    John T 64

    Millard F 80
    Theodore 83
    Thomas 64
Geisbert
    Hester A 46
    Upton M 39
Geiselman
    Geo K 34
    Laura V 64
    Laura V, Mrs 101
Geiser
    Samuel 107
Geisinger
    Thos E 108
Gelwicks
    J Henry 66
    Mathias 66
Gephart
    Louisa E 93
Gerlach
    Anna 122
Germand
    Daniel S 125
Gernand
    Daniel S 25
    Geo R 92
    James 92
Getzbaugh
    George 106
    Mary C, Mrs 95
Getzendanner
    Georgetta F 123
    Mary E 23
    Sol 123
Gibson
    Mary 129
Gilbert 17
    Charles W 95
    Eliza 117
    Geo N 51
    J Milton 51
    S M 77
Gillelan 76
Gillilan
    Geo L 66
Gilsan
    ida S 66
Gittinger
    E A 44, 45, 62
    Edward A 32
Gittings
    Mary A 27
Gitzbaugh
    Geo L 90
Gladhill
    Daniel 82
Glass
    David 14
Glisan
    Saml 21
Glison
    John B 20
    Rodney T 20
Glissan
    Chas 50
    Samuel 20
Gllison
    Michl 90

Goldsborough
    Chas 109
Gonso
    Henry 30
    John F 29
Goodman
    Geo T 120
    Harriet 43
Goodsell
    Julia 74
Gordan
    Samuel 73
Gordon
    Michael 77
Gorsuch
    Thomas 88
    Wm Mc 71
Gosnell
    L W 125
Grabill
    Anna B 124
    Geo F P, Mrs 86
    Reuben F 124
    Sophia 91
    Wm H 90
Gracey
    C B 50
Graff
    Chas 26
Graham
    Archibald 86
    Geo 18
    Geo A 34
    James 12, 103
    Wm 74
Graves
    Lydia 100
Gray
    Chas 69
    Wm 35
Graybill
    Kpjn 78
    Samuel 78
Green
    Ann Maria 25
    Elias 126
    Elizabeth 61
    J T 45
    James L 28
    Joseph D 95, 108, 116
    Maria C, Mrs 108
    Matilda 14
    W T 45
    Wm E 28
    Zachariah T 45
    Zachariah T. 45
Greenwood
    Jeremiah 71
    Jno, Mrs 42
Griffin
    John H 126
Griffith
    John M, Mrs 74
    Lebbeus 79
    Lebbeus, Jr 107
    Thos J 41
Griffiths
    Maria 41

1889 List of Taxpayers of Frederick County, Maryland

Grime
　Charlotte 41
Grimes
　Albert 54
　F M 104
　Jane 110
　John E 22
　Maria A, Miss 104
　Marion, Mrs 66
Grinder
　Harriet 9
　J W 111
　John W 111
　Mary M 111
　S R 103
Groff
　David 91
　Eli 111
Groshon
　Matilda 65
　Wm J 20
Gross
　Allen 41
　Wm L 8
Grossnickle
　C W 26
　Caleb H 113
　David 81
　Martin 13, 26
　Tilghman 23
Grove
　Daniel S 51
　M J 39
　Margaret 15
Grumbine
　Isaac H 41
Guyton
　Luther W 120
　Sarah, Mrs 120
H
　G B 22
Haden
　Thomas 72
Hagan
　Chas M 94
　M P 98
　P A 97
　R P 94
Hahn
　F D 8
Hail
　Catherine 101
Haines
　Albert L 10
　Ann 11
　Catherine 57
　Chas W 81
　DeWitt 57
　Elizabeth 127
　Frances W 10
　John N 72
　Jos E 127
　William 130
Hale
　Caroline 15
Hall
　Joel 99
　Wm 46, 72

Haller
　Chas W 37
　Georg 86
　Isaac H 112
　John P 64
　Margaret R 123
　Mary M 84
　Rice O 23
　Tobias 85
Halley
　Simeon 66
Hamaker
　B F 126
Hamilton
　Francis 63
　Jno H 12
　John 47
Hammer
　Mary 121
Hammond
　Charles 71
　Chas O 51
　Dawson V 35
　Eugenia 113
　J B 104
　R T, Dr 104
　Richard, Dr 104
　Sarah 104
　Susan H 113
　Thomas H 112
Hancock
　Jerry 108
Handley
　Catherine 78
Hanes
　Lucretia, Mrs 128
Hankey
　Ann E 128
　Henry W 44
　J A 35
　Peter 114
Hanna
　John 28
　Nathaniel 87
Hannaman
　Nathaniel 87
Hanshem
　Daniel S 129
Hanshew
　Henry E 15
Hape
　Ella, Miss 112
　Lewis 16
　Lydia 16
　Mrs 112
Harbaugh
　Andrew 87
　Elias 105
　J 105
　James 82
　Jeremiah D 17
　Martha, Mrs 81
　Sanford 67
　Simon W 59
　W Geo M 95
　Zavinia 93
Hardesty
　Wm W 40

Harding
　Ann R 81
Hardman
　Barbara 37
Hardt
　Wm M 52
Hardy
　John 25
　Lewis D 25
Hargate
　Chas N 76
　Cyrus D 43
　John B 63
　Samuel L 7
Hargett
　Elizabeth 112
Harman
　John H 25
Harn
　Abner 82
　John H 22
　Luther E 55
　Mary A C 22
　Singleton W 82
　Thos W 21
　Wm 82
　Wm & Bro 82
Harner 37
Harp
　Daniel V 65, 106
　Geo Silas 65
Harper
　Phobe A 132
　Richard K 131
　Sophia 70
Harrington
　A H 128
Harris
　E G 97
　Henry R 27, 78
　P 7
　Zachariah G 42
Harrison
　Sarah C, Mrs 130
　T H 82
Harry
　Wm H H 128
Harshman
　G 13
　Samuel 13
Hartle
　Levi 49
Hartman
　Nickolas 75
Hartsock
　Asbury 47
　Danl 21
　Henry 43
　Joseph H 77
Hartzog
　Catherine 62
Harwood
　M Kendrick 75
　Wm T 76
Haugh
　John A 111
　John H 19, 40
　Wm H 11

Haupt
　Jacob M 70
Hauver
　Charles 10
　Christian 10
　Ephraim 10
　Peter 128
　Wm 125
Hawker
　Geo W 19
　John A 22
　Joseph 22
Hays
　Geo R 82
　James A 62
　James T 37
　John O 119
　Sarah A 82
Heagy
　Chs A 121
Heard
　Sophia 58
Hedges
　Catharine 14
　David L 14
　Gideon M 17
　Isaac R 58
Heffner
　Clara 99
　Fannie 99
　Saml F, Dr 115
　Sarah A 26
Heimes
　Robert 83
Heird
　Lewis C 57
Hemp
　Peter S 33
　Wm A 21
　Wm F 96
Henderson
　John W 9, 46
　Mariam, Miss 130
Hendrickson
　Cecelia R 103
　Ephraim 103
　John 129
　John D 68
　John R 103
Henry
　Mary Ann 23
Hergesheimer
　Geo 76
Hermann
　Chas M 29
Herwig
　August 126
Hess
　John G 32
Hesson
　Jacob P 126
Hessong
　John T 72
Hickman
　Geo H, Mrs 97
Hightman 87
　Thomas 32

1889 List of Taxpayers of Frederick County, Maryland

Hildebrand
  B F 109
  Geo Henry 44
  Jacob 44
  Lewis A 19
Hill
  John H 84
  Lewis 126
  Mary Jane 97
  Wm 84
Hilleary
  Clarence W 38
  Mary E 120
  S A 38
  Thomas 52
  Thos 120
  Wm H 69, 75, 108, 122
Hinea
  Henry A 81
  Jacob H 28
Hinks
  Samuel 32
Hiteshew
  P L, Capt 14
  Philip L 14
Hitzelberger
  Mary E 127
Hobbs
  Benjamin 56
  Evan N 40, 119
  John 69
  Mary M 90
  Norval W 12
  Priscilla 121
  Roderick 39
Hockensmith
  Mary 103
  Robert 103
  Sarah 103
Hoffman
  Catherine, Mrs 73
  David A 110
  John H 79
  Jos 71
  Jos K 86
  Jos W 82
  Josiah 70
  Wm O 67
Hoke
  Michael 7, 50
  Samuel, Jr 60
Holbrunner
  Henry 34
  Henry & wife 34
  Jacob H 89
  Jacob M 89
  John M 89
  Lucinda 116
Holland
  Elizabeth M 30
  Geo W 17
  John R 30
  Mary 11
  Soll 11
Hollenberry
  Elias 103
Holmes
  John L 32

Holter
  John 109
  Peter 82
  Samuel L 51
Holtz
  Benjamin 28
  Clarence 30
  John O 31
Holtzapple
  Frederick 33
Hood
  Ann 23
  Ann, Miss 23
  Ephraim 117
  Gassaway 91
  George 71
  Isaac 65
  Leah 91
  Samuel T 50
  Wm H 67
Hooper
  Charles 23
  Charles H 23
  James O 23
  Jane 10
Hoover
  Daniel 52
  Geo H 35
  Samuel 100
Horine
  Amos 98
  Carlton R 57
  Catherine 48
  E J 22, 26
  Frances E,, Mrs 98
  Geo W 99, 108
  Joel 55
  John A 98
  John F 99
  John H 108
  Martin L 126
  Mrs 108
Horman
  Wm 8
Horne
  James O 85
Horning
  Jacob 71
Houck
  Ann Harriet 44
  Anne E, Mrs 114
  Catherine 80
  Eugene E 106
  Ezra 9
  Geog 9
  John T 93
  Mary Jane 91
  Peter, Sr 120
  Valena E, Mrs 114
Hough
  Catherine, Mrs 108
Houghton
  Charles F 62
  Charles W 62
Houpk
  Barbara 16
Houpt
  Ezra 23

House
  F G 58
  Green J R 59
  Greenbury J R 57
  Grove R 58
  Saml W 128
Howard
  Drucilla 66
Hoy
  Peter 21
Huffer
  Jacob M 105
  Joseph D 13
Hughes
  Edward 40
Hull
  Daniel L 26
  Wm 25
Humerick
  William 88
Humm
  Levi A 47
Hummer
  J P 26
  Margaret 93
Hummers
  Charles O 24
Humrick
  Mary E 13
Hurley
  Levin 100
Hutzel
  Daniel 13
Hyatt
  W E 125
Hyder
  Anna R, Mrs 91
  Daniel M 120
  Paul 37
Ifert
  John J 76
Iler
  A J 28
  Amos 62
  Benjamin 97
  Jeremiah 66
  P 72
  Peter 66
  Washington 72
Isanogle
  Geo M 123
Jackson
  Catherine, Mrs 114
  Henry 81
Jacobs
  Adam L 98
  Noah 129
James
  Mahlon 28
  Richard A 29
  Wm H 46
Jamison
  John J 36
  John J & Son 36
Johnson
  Albert 82
  David 96
  Eliza 77

George, Dr 13
Giles L 123
Henry T 77
Peter 80
Thomas H 80
Wm H, Dr 117
Worthington R 40
Jones
  Albert 69
  Ephraim 14
  Frank 96
  Geo 12, 21, 59
  George 132
  Harriet 36
  James 36
  John W 106
  Lewis 73
  Mary C 96
  Mary Jane 100
  Matilda 26
  Maurice 109
  Susan 60
  Wm H 8
Jordan
  John L 56
  John L, Jr 56
Joy
  Geo R 116
Justice
  Jane 10
Kabrick
  John 74
  Wm 94
Kahle
  Samuel W 101
Kanode
  David 45
Karn
  Ellen, Mrs 111
  Geo T 111
  Mary C, Mrs 110
Kauffman 40
  John C 95
  John S 26
Kaufman
  John W 104
Keafauver
  Henry M 114
  W Scott 16
Keefer 29
  Ann Elizabeth 7
  Ann R, Mrs 72
  H C 63
  Harry C 93, 112, 129
  Lewis 19
  Ludwig 14
  Philip N 14
  Samuel 11
Keeney
  Nancy E 94
Kefauver
  Daniel E 64
  J H 89
  Maria 105
  Mary R 18, 33
  Wm E 115
Kehne
  Agustus 44

1889 List of Taxpayers of Frederick County, Maryland

C A 59
Kell-
  C W 102
Keller 92
  C H 45
  Chas W 98
  E L 78
  Edward 71
  Elmer E 40
  Geo W 21
  Henry 37
  J 20
  J D 18, 47
  Jacob 20
  Jacob P 98
  James 40
  James D 18
  John J 57
  Jonathan 110
  L M 78
  Martin 42
  Mary J 70
  Otho J 54
  Prudence F 18
  Sarah J 98
Kelley
  James 37
Kelly
  Ann 125
Kemp
  Calvin F 88
  D Columbus 48
  Joshu 22
Kenaga
  D 7
Kenna 71
Kennedy
  Michael 29
  Patrick 88
  Thos S 109
Kephart
  Henry 131
  Peter 29
Kepler
  Daniel S 43
  J Luther 64
  Luther J 62
Kesselring
  Samuel 100
Kessler
  A P 16
  Ed M 27
  Jacob 43
  Sarah A 122
Ketrow
  Chas W 36
  Elizabeth 91
  Esther 36
  Henry 91
  Wm H 17
Key
  Charls G 8
  Mary 130
Keys
  Priscilla 17
Keyser
  Charles 119

  William 49
Kiens
  Elizabeth A 90
Killian
  Ann M 81
  Jno M 81
Kine
  E Doney 44
King
  Albert 130
  Chas E 8
  David M 26
  Henry 93
  Mary M, Mrs 73
Kinley
  Sebastian 37
Kinna
  David E 41
Klees
  Susan 14
Klein
  Charles L 120
Kline
  Allen L 117
  Chas L 116
  Geo 52
  H F 130
  Jacob R 12, 77, 108
  Jonathan U 108
  Sophia 55
  W H 72
Klipp
  Paul 21
Knauff 29
Knill
  Wm 30
Knode
  Angelina 86
  Angelina & son 86
  David W 86
  Jerry 21
  Mary 53
Knopff
  John W 60
Knouff
  John 19
Knox
  Jamex 73
Kohlenberg
  Geo F 15
Kohlenburg
  Eveline 37
Kohlhass
  Jane 73
Kolb
  Thomas J 95
  Wm 121
Koogle 44
  Adam 32
  Amanda 30
  Charles W 69
  Geo 66
  Geo M 92
  Jacob 24
  John 24
  Lloyd M 110
  Mary J, Mrs 66
  Thomas W 32

Koontz
  Adele 66
  B 103
  Edward 66
  Franklin E 120
  Rebecca 66
Korrell
  John 30
Kramer
  Michael 106
Krantz
  Catherine 24
  Wm H 41
Kreh
  Lewis 86
Kreig
  Wm 110
Kreitz
  Frederick 29
Kriezer
  Eliza, Mrs 72
Krise
  Daniel O 107
  Geo W 11
  Henry 107
  Lydia 104
  Mary 48
  William 107
  Wm 104
Krom
  John J 104
Kuhn
  Henry 54
  John 117
Kump
  Millatf G 48
Kunkle
  John B 35
Kussmaul
  Geo F 120
Lakin
  C E 67
  Charlotte B 67
  D T 97
  David T 97
  Elizabeth A. C. 44
  H D 67
  John H 97
  John S 67
Lamar
  Geo A 84
  J C 84
  Lewis, Dr 52
Lambert
  John C 36
  John Geo 69
  Mary A 36
  Mary A R 69
  Thos F 108
Lambright
  John 45
  John W 94
  Philip H 128
Lampe
  C L C 14
Landerkin
  Augusta 90

  T C L 90
  Thos C 90
Landers
  U S Grant 64
Lantz
  Chas A 45
  Margaret E 96
Lare
  Lycurgus W 35
Late
  Jacob 106
Lawrence
  C A 45
Lawson
  J U 11
Layman
  Geo W 63
  Henry 72
Leakins
  Lewis A 16
Lease
  Amos 26
  Chas 20
  Joshua 7
  Mary 98
Leather
  Caroline S 65
  David W 11
  Ed L 81
  James F 11
  M F 11
Leatherman
  Frederick 68
  Jacob, Mrs 119
  Levi C 13
  M E, Dr 114
Lebherz
  Joseph 88
Ledwidge
  John A 124
Lee
  Harriet, Mrs 110
  William 12
  Wm 27
Legore
  James W 70
Leidy
  Henry 108
Lenhart
  Henry W 27
Lenheart
  Benj 41
Lerch
  Christian 36
Lewis
  Charles 87
  Elizth, Mrs 125
  Jeremiah 9
  Josiah H 29
  M R 9
  R R 125
  Susan 100
Lidie
  Lydia 17
Lighter
  John H 124
  Samuel, Mrs 77

1889 List of Taxpayers of Frederick County, Maryland

Lindsay
　Clinton J 79
　Hamilton 98
　Joshua T 79
Lindsey
　Columbus 9
　Hamilton 57, 84
　Sarah 57
Linebaugh
　Benjamin 26
　Ezra 43
Link
　Adam 35
Linthicum
　J L 24
　John Robt 24
　M E 10
　Mary A 24
　R E 24
　Rachael E 54
Linton
　Danl 23
　Elizabeth 23
　Rebbecca 59
　Saml 127
Lippy
　John, Mrs 61
Little
　Henry E 110
Lizer
　David A 55
　Solomon 122
　Solomon 121
Lock
　Geo F 97
Lohman
　John W 21
Lohr
　Abraham 17
Long
　Abraham 36
　Absalom 119
　Albert 56
　Amanda 56
　Daniel 85
　Edward A 89
　J T 111
　J T C 111
　John 95
　John W 23, 102
　P 85
　Reubin 48
　W A 99
　William 64
　Wm D 22
Lookingbill
　Balinda 46
Louis
　Bernard 79
Lowe
　Charles 20
　John T 80
Lowenstein 53
　David 53
Lowrey
　Lewis 55
　Sarah 55

Loy
　Daniel S 78
　Erwin W 125
Luckett
　Clem 21
　grandchildren 21
Ludy
　Wm 24
Lugenbeel
　John H 79
　Peter 115
Lutz
　John Lewis 64
　John, Mrs 97
　Mary E 37
Lynn
　Geo W 37
　William 17
Lyons
　Jas W 107
Madron
　Susan 15
Mahoney
　David L 88
Main 66
　David J 17
　Elizabeth 114
　Enos Lee 128
　F T 66
　Geo W 41
　Isaiah 42
　John 115
　John J 109
　Joshua H 19
　M C 36, 52
　Mary A S 89
　Mary E 36, 52
Mainhart
　Daniel 32
Manahan
　Cyrus B 117
Manley
　James 131
Mantz
　Francis 19
　Peter 61
Markell 40
　Geo W 110
Marker
　Daniel 73
　Geo W 25
　James O 49
Markey 124
　Fred A 124
Marple
　Patrick 54
Marsh
　Geo W P 88
Marshall
　Ann M 132
　Thos 35
Martin
　Ann 32
　David 132
　David E 25
　E 132
　J E 93
　Jeremiah 25, 72, 74

　Jeremiah, Jr 72
　John D 93
　John W 113
　Justis 124
　Samuel J 93
　William J 93
Martz
　Albert T 101
　David H 92
　Lewis J 74
　Peter 43
Mathews
　Charles 71
　Emeline 103
Maxell
　A H 103
Maynard
　Benjamin T 46
　Dennis H 90
　Howard G 12
　Nathan 36
McAfee
　David 62
　David & Bro 62
　Jeffrey Sid 63
McBride
　Peter 101
McCaffrey
　A B 121
　Michael 124
McCannon
　Chas D 37
McCarty
　Patrick 58
McCleery
　M E, Miss 105
　Perry B 115
McComas
　Sarah R 57
McCubbins
　Eliza 43
McDade
　Alexander 27
McDaniels
　Milton 35
McDannell
　Wm 35
McDevit
　John 58
McDevitt
　Airey, Mrs 58
McDonnell
　Mary A 75
McDuel
　R M 124
McElfresh
　Edmund 10
　Rachel 10
McGaha
　Burr 73
　Geo 108
McGee
　Hanah 29
McGill
　P 130
McGruder
　Rufus K 11

McGuigan
　James A 16
McIntire
　Edward 112
McKinney
　Andrew F 126
　David F 34
McKissick
　Wm 15
McLain 38
　Geo E 38
McLanahan
　Ann 99
McLane
　Mary J, Mrs 67
McLaughlin
　S M 53
McMasters
　A F, Dr 68
　John L 109
McMurry
　Louis 92
McPherson
　Thos 125
McQuade
　Arthur 110
McSherry
　Joseph 17
Mealey
　Charles E 92
　Chas E 124
Mealy
　Thos M 44
Measell
　Thos A 53
Medary
　Henry C 21
Meeks
　Jno 31
Mehring
　Augustus 39
Mehrling
　August 78
　Augustus 64, 73
Meisel
　Fredk L 18
　Ludwig J 18
Meitzer
　B W 29
Mercer
　F T 64
　Wm E 11
Merchant
　J H 119
Mercier
　E W 98
　Richard C 105
Merryman
　Reese 15
Mesner
　Elizabeth C, Mrs 83
Metcalf
　Calvin 20
Metz
　Daniel O 110
　Nickolas 70
Metzger
　Anna Belle 102

1889 List of Taxpayers of Frederick County, Maryland

Michael
  C F 63
  Ezra 77
  Harvey H 87
  John W 79
Middlekauff
  Peter 49
Mikesell
  Abraham 17
Miles
  Adeline, Mrs 110
Miller
  Chas W 57
  C W 57
  F 57
  F Clayton 57
  Frederick 115
  Geo F 101
  Geo W 49, 50
  Harrison 7
  Henry 28, 103
  J M 15
  J Marshall 46, 47
  James W 93
  John 69, 82
  John D 38, 73
  John E 77
  John H 24
  John W 31
  Jos G 44
  Joseph A 96
  L H 86
  Lucretia 76
  Lydia A R, Mrs 86
  Sarah 28
  T E R, Dr 116
  Thomas L 122
  Washington M 76
Mines
  Martha R 132
Minnick
  Ezra 91
  Jacob 37
  Jacob D 37
Misener
  Charles 108
Miss
  Ernest L 57
Missengle
  Catherine 56
Mitchell
  Eliza, Miss 120
Mitler
  John L 100
Mobberly
  Joseph 12
  Martha L 12
Moberly
  Chs E 126
  Ellen, Mrs 126
  Wm J 12
Mobley
  Clarence 12
Moffitt
  J T 81
  Jacob T 81
  Robert 105, 118

Molesworth
  James P 36
  John A 55
  John W 36
  Joshua 48
  Mathias 87
  Thomas 34
  Thos E 106
  Wm J 100
Monroe
  Nelson 65
  Theresa 75
Montgomery
  John W 73
  William F 7
Moore
  Burgess L 8
  Dudley 45
  Wm H 54
Morgan
  David 103
  J W 131
  Jame W 131
  James A 82
  Peter 29
Morningstar
  Jesse 109
  Susanna 70
Morrell
  Samuel 89
Morris
  John W 132
Morrison
  John L 131
Morsell
  Ann R, Mrs 94
  Wm P 94
Mort
  Chas S 57
  Geo A 24
Moser
  Daniel 87
  Edward J 26
  Ezra C 110, 119
  John 19
  John P 89
  Joseph S 111
  Lawson 93
  Lydia A, Mrs 111
  Samuel 100
Mottern
  Maurice E 12
Mount
  Sarah 31
  Wm 21
Moxley
  Hattie V 92
  Reuben 75
  Reuben M 10
  Thomas A 96
Muck
  Frederick 38
Muller
  Mary A 42
Mullican
  Geo T 38
  Thomas 38

Mulligan
  Wm 99
Mullinix
  Frances, Mrs 67
  L C 88, 109
Mumford
  Martin J 92
Munshour
  Henry 121
Murphy
  Horace L 41
  John 91
  John D 87
  Sophia 91
  W R 47
Mussetter
  John 130
  Lemuel 130
Myer
  Geo E 84
Myers 42
  Abraham 98
  Abraham J 53
  Casper 53
  Chas M 79
  Christian 13
  Clayton 53
  Dennis 110
  Emanuel 39
  F M 76
  Geo C F 51
  Geo M 13
  Geo W 50, 54, 69
  Jacob 37
  Joseph A 43
  Wm H 54
Nail
  Jacob H 50
Naill
  John T 8
Nape
  Henry 17
Nash
  Ephraim 128
Naylor
  Wesley 102
  William H 91
Neal
  David 77
Neel
  Nellie 130
Neely
  James M 92
Neighbors
  Fleet R 69
  Wm J 47
Nelson
  Basil T 67
  Eliza 11
  Geo & wf 11
  Geo and wf 11
  Henry 106
  Lucinda 33
  Nathan, Dr 106
  R Jones 83
Newman
  Jacob M 33, 34

Nicholas
  E M, Mrs 129
Nichols
  Elizabeth 129
  Geo F 24
  Jas K, Rev 67
  Mollie 67
Nickodemus
  Jesse 8
Nicodemus
  Chas E 102
  David 46
  Isaac C 78
  John H 101
  Martin L 30
  Morgan M 115
  Willard 57
Noland
  Samuel 76
Nolte
  Margaret, Mrs 28
Norris 9
  A Henry 8
  Edward O 73
  Geo D 9, 100
  Henrietta 79
  J M 132
  Philip 77
  Phillip 30
  S J 94
  Wm H 123
Norton
  John 113
Norwood
  Howard 16
  L B 30
  T M V 13
Null
  Geo W 54
  John J 46
Nusbaum
  A 111
  Abraham 25
  Ann, Miss 14
  Chas 119
  Henry P 70
  Isaac 53
  John 111
  Samuel A 22
Nussbaum
  Isaac L 8
  Joseph F 82
  Samuel A 47
  Sarah P 122
Nusz
  Hiram M 73
O'Brien
  A W 49
  Edward 45
  John R 45
  Joseph 66
O'Hara
  John 73
  Mary J 47
Oakley
  David F 17
Offutt
  Henrietta 66

1889 List of Taxpayers of Frederick County, Maryland

Ogborn
   Jno W, Mrs 35
Ogle
   Geo W 7
   John S 17
   Thomas A 38
Oglelon
   John & Bro 15
Ogleton
   John & Bro [t not crossed] 15
Ohler
   Isamiah, Mrs 64
   Samuel 122
Oland
   Carlton 54
   David 103
   Frederick 77
ONeal
   Charlotte 23
   Mary 23
Ordeman
   F A 54
Orendorff
   James A 35
Ott
   Eli 117
   John T 117
Otto
   Lucinda A 31
Overholtzer
   Martin C 16
Owens
   Marion 106
Owings
   Hannah 111
Padgett 90
Palm
   Wm 98
Palmer
   Adam W 93
   Caroline 121
   David 50
   e l 126
   Harvey 87
   Hezekiah 87
   Howard C 80
   Joseph 35
   Nellie 9
   S 68
   Thos F 131
   Wm 68
Pampel
   Henry 112
   P F 88
Pampell
   Henry 112
Pangs 30
Paramore
   Thomas 114
Parker
   John 62
   Joseph 11
Parnell
   Wm H 52
   Wm H, Jr 53
Parsons
   W Irving 37

Patterson
   Mary E, Mrs 131
Payne
   Ellen 38
   John W 68
   Joseph F 8
   Mary 38
Peare
   Alexander 19
Pearl
   Susan 105
   Thos 28
   William 47
Pelton
   Willis E 84
Pennel
   Dorcus, Mrs 57, 60
   Mary 57
Penner
   Francis 12
Perry
   Jacob S 100
   James P 7
   Jas P 130
   Jas P & Son 130
Peters
   John H 64
   M E, Mrs 59
   Thomas 14
Pettengall
   Samuel E 62
Petticord
   Sarah A 60
Pettinggall
   W S 57
Pettitt
   J M 20
Pettryman
   Sarah 59
Pfoutz
   John 94
Phillip
   Lycurgus N 53
Phillips
   Lycurgus N 53
Phleeger
   Jno E 51
Picking
   Barbara 7
Pilling
   Fredk 99
Pittinger
   Andrew Levi 101
   Jacob 70
place
   Balto city 125
Plane
   Jonathan 65
Platt
   Elizabeth 60
   Sarah Ann 33
Plummer
   Charles 92
   John D 57
   M E G 122
Plymier
   Henry A 67

Poffenberger
   Geo J 73
   Jacob 77
Pomeroy
   L P 121
Poole
   Ann M, Mrs 92
   child 39
   Cornelius J 64
   James 89
   Lemuel H 39
   Mahala, Mrs 10
   Mary, Mrs 39
   Wm, Jr 92
Porter
   Christina 16
   John W 16
   Philip 16
   Phoebe 21
Potts
   Geo M 22
Powell
   Emanuel 116
   George w 126
   Jacob 83
   James A 126
   Julia 33
   Louis J 130
Prater
   Simon Peter 46
Price
   Charles 97
   John T 52
   Oliver O, Mrs 129
   Peter 98
   Samuel W, Mrs 86
Proctor
   Wm P 113
Pry
   Lucretia 7
Purdom
   Wm 18
Putman
   Greenbury H 126
   Hezekiah 106
   Noah 45
   Samuel 58
Quinn
   A G 129
   A G, Mrs 129
   John T 75
Quynn
   A G 129
   A G, Mrs 129
Radcliff
   Daniel S 107
   Joseph 120
Railing
   Adam 33
   Christian 22
Ramsburg
   Alexander 131
   Benj 86
   Charles J 77
   Clinton O 55
   Dennis 98
   Elias M 92

   Emanuel L 120
   H P 38
   Harry 27
   Henry T 107
   J H 44
   J S 44
   John W 14
   Lewis 117
   Lewis P 61, 88, 109
   Lewis S 62
   Lucy 122
   Marshall O 31
   N D 17
   Nelson D 130
   Uriah 25
Ramsport
   Agustus 9
Ranneberger
   Robert S 102
Ray
   Harvey H 64
Rebert
   Emanuel H 72
   Jonas 72
Recher
   E M 129
Recker
   Lavinia 35
Reed
   John, Dr 127
Reeder
   Dvid 52
   Josephus 130
   Mary A 41
Reich
   Isaac S, M. 83
   Philip 53
   Phillip 39
Reightler
   Tabitha, Mrs 91
Reinhart
   Joseph 88
Remsburg 44
   Cornelius D 65
   Edward 33
Renner
   Adam 89
   Elias 99
   Emmanuel 48
   Geo J 110
   Jacob 39
   Joshua A 11
   Josiah 48
   Levi 49
   N D 104
   Wilford A 24
   Wm 59
Repp
   C S 56
   Samuel 56
Rhinehart
   Israel C 23
Rhoderick
   Ann R 99
   M H 99
Rhodes
   Calvin A 124
   John 126

1889 List of Taxpayers of Frederick County, Maryland

Wm H 126
Rice
  Adam 115
  Isaac 53, 119
  Jacob D 24
  James M, Jr 55
  Joseph O 66
  Joshua 24
  M E, Mrs 103
  Milton G 119
  Milton R 20
  Rosanna, Mrs 58
  Samuel 71
  Wm P 37
  Wm T 123
Richardson
  Mrs 15
  Wm 20
Richie
  Joseph 43
Richmond
  Ephraim 111
Ricketts
  Robert 59
Riddleman
  Lydia 64
Riddlemoser
  Clinton A 84
  Clinton A and sisters 84
  Jos L 84
Ridenbaugh 99
Ridenour
  David 88
  F W 41
Rider
  Geo M 37
Ridgely
  Richard 115
Riggs
  Christ M 20
  Jos C 20
  Margaret 19
  Plummer I 31, 37
Rinehart
  Frederick 19
Riordon
  Daniel T 54
Rippeon
  Emma V 107
  Henry 101
  Mary, Mrs 86
Roberts
  J C 46
  J Clinton 46
  J Clinton & Bro 46
  Jas H 116
Robertson
  Mary Ann 43
Robinson
  Joseph F 52
  Martha 8
Roche
  James R 120
Roddy
  Abraham 42
  Abraham F, Jr 42
  Simon P 66
Roderick

  Catherine M 22
  Daniel F 22
  Ellen, Mrs 77
  Geo C 32
Rodgers
  James P 76
  John G 83
Roelkey
  Catherine S 112
  David 18
  John 59
  Peter 66
Rogers
  Josephine 95
Rohrback
  Daniel 14
  Mary E 25
Roles
  John 97
Rollins
  Sarah A 41
Romsburg
  Albert F 15
  Geo W 13
  Washington Z 85
Roop
  Jesse 37
Root
  John 31
Rosenour
  Bernard 19
Rosensteel
  Joseph 7
Rosenstock
  Joseph 7
Roser
  Adam 104
  Jesse 53
Routzahn
  Adam R 53
  D B 32
  Edward 85
  Elmer 51
  Eve, Mrs 100
  Ezra 70
  Harriet E 29
  Jas 53
  Ludwig 86
  Maggie S, Mrs 17
  Noah 42
Routzn
  Margt 92
Rouzer
  John H 104
Rowe
  Jas A 105
  Josiah 24
Rowles
  Richard 26
Royer
  Samuel 49
Rozer
  John H 104
Ruby
  Milton 67
  Samuel 67, 71
Rudy
  John H T 74

Ruland
  Conrad 103
Runkles
  Barbara 18
  H C 71
  Harry C 71
  W H 59
  Wm H 18
Ruply
  Thos N 22
Ruse
  L K, Mrs 94
  Susan 73
Russell
  Isaac S 88, 96
Sager
  Mathias 40
Sahm 38
  J Jacob 37
Sample
  Julia 19
Sanner
  Chas V C 123
  Daniel W 42
Sappington
  Ada 113
  Chas B 34, 63
  Fannie R 34
  Francis R 34
  G R 34
  G R, Dr 34
  Greenberry R 26
  Greenbury R 93
  Greenbury, Dr 63
  J P 34
  James M 26
  R C 132
  Sidney 26, 93
  Tam R 63
  Thos B, Dr 13
  Thos P, Dr 13
  Wm A 38
Saunders
  C E 103
  Walter 89
Savoy
  Sedonia 86
Saxton
  John A 68
Saylor
  Caroline 104
  Catherine B E 72
  Chas C 15
  Chas E 19
  D Oliver 72
  Daniel K 45
  Ezra J 51
  John 42, 101
  John H 27
  Susan, Mrs 85
Scadden
  John 110
Scarf
  James B 85
Schaff
  Harry M 69
Schell

  John E 92
  John G 59
Schildknecht
  C H 40
  H A 105
  Josiah 85
  Mrs L 40
Schildknect
  Josiah M 24
Schildt
  Samuel D 119
Schley
  Alfred, Capt 59
  B H 103
  Dennis 25
  Frank 78
  Sophia, Mrs 103
Schmidt
  Jacob 19
  Jacob F 66
  Simon 33
Scholl
  Wm H 61, 113
Schradle
  Charles 123
Schroyer
  Elizabeth 15
  Joseph 26
  Josiah 26
  Lawson 102
  Lewis W 26
Schwarz
  Jacob 41
Seabrooks
  Samuel J 128
Seachrist
  Chas H 112
  John W 124
  Michael 42
  Sarah 31
Sealock
  Clayton 53
Sein
  Lucy A 101
Seiss
  Barbara 79
Selby
  Eugene 118
Sellman
  Charles 127
  Wm P 70
Selsam
  John C 69
Sensel
  John 20
Senseny
  Chas H 109
Septre
  James 43
Sewell
  George 112
  Henry 42
Shaeffer
  Hanson 68
  Margaret 68
  Newton R 124
  Wm C 81
Shafer

1889 List of Taxpayers of Frederick County, Maryland

Elizabeth 121
Geo 15
H J 16
Lewis 14
Malinda C 121
Marshall E 68
Peter H 86
Peter W 121
Robert 81
Thomas 91
Thomas M 108
Washington L 8
Shaff
  Francis 40
  Luther 55
Shafter
  Thomas 92
Shank 123, 129
  Benjamin 60
  Carlton P 85
  Chas M 89
  G 83, 128
  Geo D 55
  Geo W 68, 128
  George 85, 94
  John 85
  Joseph 60
  Margaret 91
  Michael 83
  Susan 21
  Tobias 60
  Wm 91
Shankle
  David 30
  Jonathan 39
Sharretts
  Wm F 76
Shaw
  Ann 33
  Geo M 40
  John W 33
  Wm H 47
Shawbaker
  Jacob M 23, 131
Shawen
  Sarah 118
Shearer
  Geo 113
Sheehan
  Timothy 66
Sheely
  Jay Singleton 63
Sheetenhelm
  Geo W 56
Sheets
  Annie 75
  Eden 21
Sheffer
  Geo P 41
Sherer
  Daniel 119
Shields
  John S 69
Shilling
  Andrew 74
Shipley
  A O, Dr 62
  Dennis 76

Dennis & wife 76
Denton R 14
Oscar, Mrs 107
Shivers
  Geo 14
Shoemaker
  Elizabeth, Mrs 79
  James 54
  Washt 36
Shook
  Wm 101
Shope
  Geo B 68
Shorb
  Augustus 39
  Mary J, Mrs 83
  Wm 83
Shores
  Mrs 39
Shover
  Mrs 42
Show
  Henry 55, 115
  Saml, Mrs 23
  Samuel 23
Shreeve
  Chas W, Dr 91
  Danl T 68
  Jesse, Rev 46
  Margaret E, Mrs 68
Shriver
  C 109
  E 132
  Edgar L 71
  Edward 52
  Jennetta 109
  Lewis P 109
Shroyer
  Solomon 61
Shry
  John W 82
Shuff
  Henry 19
  John 115
  Mrs 52
Shuffler
  Geo T M 123
Sides
  Ann Cornlla 48
Sier
  J B 87
Sigler
  Amanda E 99
  Hannah 31
  John L 30
  John M 84
  Lewis 90
  Lloyd 111
Sigmund
  Gotlieb J 50
Sim
  J T, Dr 116
Simmons
  F 81
  Frank 68
  Frank & Bro 68
  Wm H D 10

Simons
  Jos E 91
  Mary M 91
Simonton
  Wm, Rev 102
Simpson
  Basil J F 122
  Milton 58
  Thos W, Dr 58
Sims
  Thos 47
Singer
  Charles, Mrs 14
  Elias T 105
Sinn
  Jno T, Col 39, 46
  M R 39
Six
  Georgina, Mrs 85
Slagle
  Danl L 30
Slifer
  Anna 38
  Chas E 113
  Geo W 38
  John H M 13
  Joshua 38
  Peter 12
  Samuel 110
Slukbier
  Peter 124
Smallwood
  Charles 82
Smeltzer
  Evan T 82
Smith
  Abraham 36
  Augusta 62
  Benj 60
  Benjamin 36
  Benjamin F 33
  Benjamin, Mrs 36
  C C 76
  C J 29
  Danl 105
  Elizabeth 89, 99
  Emanuel T 116
  Ezra M 50
  Geo J 92
  Geo L 84
  Gibson 40
  H H 77
  Henry E 90
  Henry H, Mrs 107
  Hiram T 112
  Jacob 96, 99, 102
  Jacob G 121
  James A 39
  Jasper A 74
  John 30, 36
  John C 17
  John T 82
  Joseph 108
  Joseph M 108, 117
  Junise 58
  Laura V 29
  Lewis E 122
  Martin L 105

Mary 116
Myron E 71
Perry G 131
Ruth 59
Theodore 79
Virginia 80
William 77
William S 49
Wm D 112
Wm H 46, 80
Wm T R 81
Smothers
  Lucy 25
Snader
  Evan T 51
Snook 45
  D J 125
Snouffer
  Joseph 103
Snowden
  Basil 132
  Catharine 10
  Harry 105
  Mary 132
Snyder
  Daniel P 74, 131
  Jacob 94
  John 71
  Mahula 94
  Moses H 98
  Rosanna A 61
  Samuel 61
  Vernon 21
Socks
  Saml 106
Sowers
  Adam 131
  Margaret 115
Spahr
  Abraham 42
  Milton 89
Sparrow
  John W 123
Spaulding
  Ann 113
Speak
  John T 78
Speake
  Elias 109
Specht
  Michael 63
Spittle
  Lewis C 81
Sponseller
  Arthur F 38
  Geo F 67
  Jacob C 20
  John D 71
  John J 69
  John R 77
  Mary C 53
  Sarah R 67
  T P 114
  Wm E 35
Sprigg
  Geo 38
Spriggs
  A J 79

1889 List of Taxpayers of Frederick County, Maryland

Lydia 85
Samuel 87
Spurrier
  Samuel 19
  Wm 84
Staley
  Charles B 90
  Dennis F 29
  E M 80
  Ezra 73
  Gideon 99
  Hiram 73
  Lewis H 35
  Mary Ann 30
  Mary C 73
  Phoebe A 39
Stambaugh
  Jno E, Mrs 95
Stansbury
  Cecelia 129
  N C 63
  Nickolas, Sr 63
  Wm J 19
Stanton
  Samuel 82
Starr
  Elizabeth A, Mrs 60
  M F 14
  Sarah A 14
Staub
  Daniel 111
  James E 78
  Jas E 41
  John A 68
  John J 47
  Sarah E 49
Stauffer
  Daniel 7
  David V 30
Staup
  Charles 7
  John J 124
  John T 89
  John W 89
  Lydia Ann 13
  Thos 87
  Wm 114
Stebes
  Joseph 120
Steiner
  Ann E 115
  Chas H 115
  H R 115
  H R & Bro 115
  Lewis H 92
  Louisa 115
  Susan 115
Stem
  John 63
  John D 69
  Julian 108
Stephenson
  James, Dr 127
  John W 12
Stevens
  Geo A 37
  Hiram S 101
  John B 46

Samuel 115
Sarah A, Miss 108
W Scott 121
Stevenson
  John W 54
Stewart
  Benj 57
  Benj & wife 57
  Caroline 20
  Dennis 101
  Fleming 101
  James 13
Stiers
  Hamilton 17
Stine
  John F 32
  John, Jr 51
Stitely
  Ann M 59
  Ephraim 16
  I P 64
  Isaac P 64
  Jacob E 16
  Jane A 44
  John M 44
  Samuel A 84
Stoffer
  Geo A 76
Stokes
  Joshua 104
Stone 38
  Absalom 56
  Frederick K 85
  Geo H 15, 47
  John 85
  John A 30
  Joseph D 99
  Uriah 29
  W 29
  Wm E 12
Stoner
  Abraham 107
  Daniel 80
  John R 80, 110
Stonesifer
  Jared 79
Stottlemyer
  Cassianus 79
  Chas J 34
  Clarence B 104
  Elias R 130
  Frederick A 113
  Hamilton W 90
  John L 41
  Joseph 82
  Sophia C 73
  Z 82
Stouffer
  Clara A, Mrs 56
  Daniel E 77
  Elenora 40
  Elmer T 40
  Ephraim 62
  Geo W 56
  Glenn O 32
  H Clay 132
  Harry 32
  Henry 37

James T 75
John H 51
John Hanson 93
May 40
S Theo 119, 127
Simon W 97
Wm F A 29
Wm T A 52
Stouter
  Daniel W 37
Stover
  John 26
  Mrs 95
Strailman
  C, Mrs 69
Strausberg
  Daniel F, Jr 40
Strausburg
  Daniel 41
Stride
  John T 130
Strube
  Andrew 131
Studebaker
  R E 12
Stull 132
  Alfred V 22
  Alpha E 80
  Edward J 17
  Elijah J 56
  Horace E 56
  John 26
  Leander D 42, 73
  Louisa V 50
  R G 36
  Randolph G 36
  Wm F 47
Stultz
  Elizabeth 33
  Filmore 33
Stunkle
  Chas H 72
  Henry E 105
  Lewis 98
Stup
  Edmund L 129
  Susan 55
Sturdevant
  Ann, Mrs 52
  Wm H 52
Stutler
  Harriet, Miss 73
Sullivan
  J W 21
Sulser
  John H 71
Suman
  Sarah A E 77
  Wesley R 76
Summers
  Abram 111
  Catherine 111
  David W 43
  Geo 47
  Geo W 80
  Harlin H 65
  Henry W 58
  Henry W & Bro 58

  Hy W 29
  Hy W Summers & Bro 29
  J 106
  J J 34
  J T 43
  Jacob 106
  John 47
  John A 90
  John T 43
  Joshua 80
  Lawson H 65, 109
  Lewis 16
  Sarah J 24
Sundergill
  Joshua 93
Swann
  Benj 48
Sweadner
  Daniel 40
Swearingen
  J? B 43
  Len 43
  V B 43
T
  C A 21
Tabler
  Geo F 69
  John H 67
Talbot
  Anna D 114
  Mary 114
Taney
  Ed S 114
Tasker
  Eliza 130
Tayler
  Wm B 26
Taylor
  Geo W 31
  William W 35
Tehan
  Eliza J 17
Thomas
  C 127
  C W 38
  Calvin A 12
  Chas G 97
  Clarissa 32
  Curtis W 38
  David O 127
  Ellen L 124
  Ezra M 119
  Franklin 21
  Isaac 20
  J B 97
  J Fenton 33
  J Franklin 99
  Jno B, Col 105
  John 128
  John B 45, 97
  Joseph L 33
  Josiah S 22
  Lewis E 97
  Mary 127
  Mary Ann 122
  Samuel 105
  Sarah C 115
  Stephen A 33, 40

1889 List of Taxpayers of Frederick County, Maryland

Susan M 29
Thompson
  Ann 23
  Chas W 102
  Smallwood 128
Titlow
  Chas R 74
  Elizabeth, Mrs 128
  Geo W 79, 114
  Isaac 128
Todd
  Sarah C, Mrs 64
  Wm H 64
Tollinger
  Mrs 66
Toms
  David Q 60
  John H 106
  Rusha P 19
  Wm, Jr 50
Townsend
  Geo Alfred 14
Trapnell
  Joseph, Rev 74
  Wm L 8
Trayer
  Annie 63
  Mortimer P 63
Tresher
  Jacob 24
Tresler
  Adam 60
  Joseph B 130
Tressler
  Adam 82
  Joseph 91
Tridapoe
  Geo 49
Trout
  Elizabeth 43
  John 12
Troxell
  Frederick 74
  Martin D 20
Trump
  Charles E 57
Trundle
  Alice 103
  Louisa M 60
  Rosetta 19
  Wm D 19
Tucker
  Catherine 29
  Daniel 12
  Solomon 31
  Wm J 29
Turner
  Sarah 15
Tyler
  Ann M 62
  Caroline 38
  Charlotte 63
  Geo M 63
  Mary 43
  R B, Dr 17
  Thos B 81
Tyson
  Chas B 40

Umbrerger
  John S 41
Unger
  Emanuel 87
Unkefer
  Frank S 125
Urner
  Elhanon W 42
  Jonas 31, 42, 58
  Samuel 42
  Thos 48
Utz
  Lucinda M 58
  S H 58
  Samuel B 23
  Samuel H 58
Valentine
  Albert 36
  Andrew J 35
  Elias F 71
  Hanna C, Mrs 74
  Henry 103
  Josiah 19
  Milton O 48
  Wm 105
Vanfossen
  Wm H 27
Vansant
  A S 58
  John M 95, 107
  Oliver P 11
  Susanna 95
Vantz
  Charles 66
Virtz
  Catherine A, Mrs 105
  J Edward 41
Wachter
  Caleb L 27
  Daniel H, Mrs 57
  David M 29
  H C 46
  Henry 43
  Jacob H 25
  Lewis F 84
  Lews F 26
  Michael 24
  P 26
  Susan 72
  Wesley A 50
Waddles
  Jos S 39
Wagaman
  David D 87
Wagner
  Elizabeth 117
  Geo 62
  James 30
  John H 48
  Martha 30
  Wm 30
  Wm H, Dr 126
  Wm T 28, 75
Wagoner
  Henry S 36
Walker
  Harriet 96

  Isaac 17
  James E 47
  Perry G 8
  Wm R 124
  Wm W 34
Wallace
  Mary 53
Waltman
  Wm A 68
Waltz
  Clegget A 25
  Thos M 128
Ward
  W A 80
Warenfeltz
  Luther 80
Warner
  Geo B 47
  John A, Mrs 8
  John T 34
  Samuel J 100
  Wm H 9
Warrenfeltz
  Maggie 48
  Soule J 55
  Uriah 48
Waskey
  Jane A 44
Waters
  Ann W, Mrs 52
  Ann, Mrs 40
  James 40
  James K 38
  Nathaniel R 82
Watkins
  John L 54
Watts
  Thos 8
Ways
  Wm H 70
  Wm H, Jr 70
Weaver
  Charles A 93
Webb
  Geo 94
  Miriam A 94
Webster
  Geo W 59
  Henry 42
  Thonmas J 87
Weddle
  John P 69
Weeden
  Henry 33
Weitzner
  John 93
Welch
  Luther 55
  Warren G 55
Welker
  John 69
Weller
  Charles 130
  Jacob P 26
  James A 107
  John 90
  Jonathan 125

Welling
  Luther E 22
Welty
  Anna R 106
  Franklin B 82
  Samuel 122
Wenner
  Susan A 75
  W 75
Wentz
  Geo 39
Wertheimer 53
Wertz
  Nathaniel 54
West
  P M 130
  P Mc 130
Wetzel
  Levi 90
Weyant
  Elias 53
Weybright
  Samuel 50
Whalen
  B H 119
  Biehl 119
  Isaac 119
Whaley
  Isabella 101
Wheaton
  Mary 118
Whereheiser 30
Whip
  David M 101
  Ed Milton 127
  Emily, Mrs 111
  Samuel T 103
White
  B F 106
  B F & Bro 106
  Dennis 57
  John J 45
  Joseph 106
  Joseph N 106
  Nathan 113
  Philip 88
  Walter W 106
Whitehill
  James 88
  John W 114
Whiten
  Eliza 25
  Josephine 70, 87
Whitmer
  Rebecca 24
Whitmore
  Frederick 96
  Frederick C 96
  John M 95
  Joseph 95
Whitten
  Gabriel 52
Wickless
  Anthony 122
Wilcome
  Jerome 76
Wilcox
  Arthur V 90

1889 List of Taxpayers of Frederick County, Maryland

Wilcoxen 124
  A J 124
Wilcoxon
  Martha E 92
  Wm 16
Wiles
  Americus G F 30
  Coleman R 130
  Fredk 52
  Hamilton B, Mrs 60
  John E 52
  Thomas 94
Wilhide
  Ann E, Mrs 113
  Arnold R 16
  Charles Z T 115
  Chas, Mrs 78
  Daniel L 17
  F 41
  Henry 41
  John L 53
  Josiah E 18
  Robert 39
  Wm A 18
Willard
  Frances V 118
  Julia A 118
  Tilghman A 123
  W H 118
  Wm H 118
Williams
  Addie 114
  Amanda E 18, 33
  Benjamin 122
  Henry 52
  Horace 30
  Jane E 31
  John H 132
  John T 31
  Wm 11
Williamson
  J A, Dr 44
Williar
  Augustus H 55
Williard
  Augustus 39
  Augustus H 55
Willing
  David O 79
Willis
  Frances A 83
Willlard
  Oscar A 72
Wilson
  Evan 23
  Henry B 18, 70
  John W 110
  John W and wife 110
  N J 16
  Walter D 112
  Wm H 76
Wilt
  Elizabeth 31
Wineberg
  Amelia, Mrs 56
  Samuel 56
Winebrenner
  E J 105

  Samuel 81
  Samuel C 72
Winkleman
  George 117
Winter
  George 105
  Thomas 100
  William 116
Wireman
  Julian 94
Wirtz
  Rebecca, Mrs 132
Wise
  Charles E 96
  Chas E 105
  Luther M 130
  Susan 126
Wiseman
  Daniel 51
  Samuel 91
Wisner
  Hy 20
  Hy & wife 20
Wison
  Geo R 102
Wisong
  Geo r 123, 129
Withers
  Addison L 87
Witter
  Harry B 18
Wittler
  Albert 110, 117
Woerner
  Christian 53
Wolf
  Ann E, Mrs 60
  David M 53
  Eli R 58
  Henry 111
  Leanna, Mrs 60
  Mahlon K 108
  S 111
  Susan 81
  Wm 13
Wolfe
  Geo W 87
  J D 129
  J K P 65
  Jacob D 129
  Jacob T 77
Wood
  Basil T 50
  Charles 110
  J Newton 22
  James 123
  James H 50
  John 85
Woodard
  Singleton 111
Woods
  Isaac N, Dr 128
Woodward
  Alex 125
  M A 60
  Wm A 121
Woolard
  Mary L 110

Wooten
  Wm T, Dr 18
Working
  Henry 65, 90
  John H 110
Works
  A P 82
  George 96
Worley
  Wm J 7
Worman
  Geo M 125
  Margaret A 132
  Mary E 28
  Mary O 105
  Wm D 89
  Wm j 58
Worman 99
  M 49
  Mary E, Mrs 49
Wortham
  Ann E 20
  James, Mrs 20
Worthington
  Catherine 99
  Glenn h 61, 92, 97, 107, 127
Wright
  John 53
  John W 47
  John W & wife 47
Wyand
  Yost 80
Yinger
  Laurence, Mrs 18
Yingling
  Edmund L 87
  Saml 124
  Zadock A 117
Yonson
  Catharine 30
Young
  D 91
  Daniel J 15
  Hezekiah 70
  Jacob 91
  John H 15
  S 56
  Samuel D 56
  Silas 89
  Susann 33
Younkins
  Carlton M 62
  John W 107
  Jophn 62
  Martin L 52
Zacharias
  Ann R, Mrs 94
Zecher
  John 85
Zedricks
  M 60
Zellers
  John F 70
Zentz
  Abraham 15
  Newton M 92

Ziegler
  Mary J 52
Zim --
  Clementine C C 41
Zim--
  David P 22
  J M 80
Zimmer--
  E Joshua 56
  Horace J 29
Zimmerman
  Alpha E 80
  Charles E 29
  Chas W 11
  Daniel 90
  E D 29
  E Joshua 88
  E, Mrs 64
  Ed J 94
  Edward D 28
  Geo H 38
  Henry O 24
  J Luther 45
  Jacob E 84
  Joseph E 116
  Luther M 47
  Mary A 39
  Michael 69
  Milton 83
  Sarah A 15
  W W 113
  Wm F 29
  Wm H 75
Zumbrum
  Wm 71

www.ingramcontent.com/pod-product-compliance
Lightning Source LLC
Chambersburg PA
CBHW081234170426
43198CB00017B/2761